Claus-Dieter Kaul / Christiane M. Wagner

Montessori konkret

Handbuch zu einem ganzheitlichen Weg des Lernens im Elementarbereich

Band 1: Übungen des praktischen Lebens und Sinnesschulung

Ideen für die Praxis

Danksagung

Wir danken den vielen Kindern, die uns in den letzten 30 Jahren so offen begegnet sind und uns die Möglichkeit gegeben haben, ein tiefes Verständnis für die Aussagen Maria und Mario Montessoris zu entwickeln. In diesem offenen und ehrlichen Dialog konnten wir lernen, ihnen bedingungslos zu vertrauen, sie respektvoll zu begleiten und ihnen und uns selbst helfen, ein Selbstwertgefühl zu entwickeln.

Besonders möchten wir uns bedanken bei den Kindern und ihren Begleiterinnen aus dem Montessori-Kindergarten Eberharting und dem Montessori-Kindergarten Bad Tölz, die uns die Möglichkeit gaben, die Fotoaufnahmen für dieses Buch zu gestalten.

Umschlaggestaltung: PrePress-Salumae.com, Kaisheim
Technische Umsetzung: PrePress-Salumae.com, Kaisheim
Fotos: Christiane Wagner, München

www.brigg-paedagogik.de
www.oldenbourg-bsv.de

1. Auflage 2009

Alle Drucke dieser Auflage sind inhaltlich unverändert und können im Unterricht nebeneinander verwendet werden.

© 2014 Oldenbourg Schulbuchverlag GmbH, München

Das Werk und seine Teile sind urheberrechtlich geschützt. Jede Nutzung in anderen als den gesetzlich zugelassenen Fällen bedarf der vorherigen schriftlichen Einwilligung des Verlages. Hinweis zu §§ 46, 52 a UrhG: Weder das Werk noch seine Teile dürfen ohne eine solche Einwilligung eingescannt und in ein Netzwerk eingestellt oder sonst öffentlich zugänglich gemacht werden. Dies gilt auch für Intranets von Schulen und sonstigen Bildungseinrichtungen.

Druck: freiburger graphische betriebe

ISBN 978-3-87101-**339**-3

 Inhalt gedruckt auf säurefreiem Papier aus nachhaltiger Forstwirtschaft.

Inhalt

Vorwort 5

Übungen des praktischen Lebens 7

Bedeutung der Übungen des praktischen Lebens 7
Pflege der eigenen Person 9
    Hände waschen 9
    Anziehrahmen 12
    Zopf flechten 17
    Schuhe putzen 20

Pflege der Umgebung 22
    Teppich aus- und aufrollen 22
    Tücher falten 25
    Löffeln – Gießen – Schütten 31
    Löffeln auf dem Tablett 33
    Gießen bzw. Schütten 35
    Tisch kehren 39
    Metall polieren 41
    Blumenpflege – Blumen schneiden und arrangieren 43

Sinnesschulung 47

Bedeutung der Sinnesschulung 47
Erfahrung mit Dimensionen 49
    Einsatzzylinder und knopflose, farbige Zylinder 49
    Rosa Turm 55
    Braune Treppe 57
    Rote Stangen 59

Erfahrung mit Farben 62
    Farbtäfelchen 62

Erfahrung mit dem Tastsinn 65
    Tasttafeln 65
    Tastbretter 67
    Stoffe 68

Erfahrung mit dem Gehörsinn 70
    Geräuschdosen 70

Erfahrung mit dem Gewichtssinn 72
    Barische Brettchen 72

Erfahrung mit dem Temperatursinn 73
    Wärmeplatten 73

Erfahrung mit dem Geruchssinn 74
    Hölzerne Geruchsfläschchen 74

Erfahrung mit dem Geschmackssinn ... 75
Geschmacksgläser ... 75

Erfahrung mit Formen und Figuren ... 77
Geometrische Körper ... 77
Geometrische Kommode mit Karten ... 79
Konstruktive Dreiecke ... 82
Binomischer und Trinomischer Kubus ... 86
Dekanomisches Quadrat ... 91

Erfahrung mit dem kinestetischen Sinn ... 94
Das Gehen auf der Linie ... 95
Gehen mit einem Gegenstand auf dem Kopf ... 95
Sich blind führen lassen ... 95
Gehen mit Hindernissen ... 95
Gehen und Jonglieren mit Tellern auf Stöcken ... 96
Reiten ... 96
Fingerspiele ... 96

Ausblick ... 98

Literaturhinweise ... 100

Vorwort

Liebe Leserin, lieber Leser!

Mit der vorliegenden Buchreihe möchten wir Sie einladen und anleiten, die umfassende, wegweisende Pädagogik Maria Montessoris konkret kennen und „Schritt für Schritt" anwenden zu lernen. Damit können Sie im Kindergarten und zu Hause eine förderliche Atmosphäre sowie Lernsituationen schaffen, in denen sich Ihre Kinder auch entsprechend neuen Standards gut entfalten und optimal entwickeln können.

In den letzten Jahren wurde der Ruf nach einer neuen Bildungs- und Erziehungskultur immer lauter. Nicht zuletzt haben verschiedenste Untersuchungen wie z.B. PISA oder TIMS uns alle hellhörig werden lassen, dass in unserem Bildungssystem einiges geändert werden muss. Sicherlich ist auch eine Schlussfolgerung daraus das Erscheinen von neuen Bildungsplänen für den Elementarbereich. Die Anforderungen hierin sollen den Lehrkräften einen Weg zeigen, die Kinder auf unsere heutigen Lebensbedingungen vorzubereiten. In vielen Gesprächen mit KursteilnehmerInnen stellen wir immer wieder fest, dass viele Erwachsene wenig konkrete Vorstellungen haben, wie sie diesen Anforderungen gerecht werden können. Sie sind noch derart verhaftet mit den Erwartungen aus ihren verschiedensten – teilweise schon lange zurückliegenden – Ausbildungen, wie auch mit ihren eigenen, noch nicht verarbeiteten „Erziehungserlebnissen" aus ihrer Kindheit.

Es ist zu beobachten, dass die Montessori-Pädagogik – bezogen auf die heutige Zeit – vielen dieser Menschen eine große Hilfestellung in der Reflexion einer neuen Tätigkeit bietet. Warum ist gerade die Montessori-Pädagogik eine ganz konkrete Hilfe? Sicherlich hat das seinen Grund darin, dass diese „Pädagogik" aus der Beobachtung des Kindes hervorgegangen ist, die von einer Ärztin erfolgte. Somit hat Maria Montessori keine Methode der Erziehung entwickelt, sondern als Ärztin beobachtet, wie das Kind lernt und daraus ihre Schlussfolgerungen gezogen. Das begründet die Aktualität in der heutigen Zeit. Bei der Schaffung der Lernumgebung für Kinder wird heute großer Wert gelegt auf das Einbeziehen des Wissens aus der Neurophysiologie und der modernen Psychologie. Dies deckt sich vollkommen mit den Erkenntnissen Maria Montessoris, vor allem bezüglich des didaktischen Aufbaus. Somit hat ihre Methode, die sich auf das von ihr entwickelte Material stützt, an Attraktivität nicht verloren.

Was unter heutigen Gesichtspunkten besonders in Augenschein genommen werden muss, ist allerdings die Rolle der Lehrkraft. Unsere Erfahrung hat gezeigt, dass die Umsetzung der Montessori-Pädagogik einen großen Anteil an Selbstreflexion nötig macht und letztlich in einer tatsächlich neuen Erziehungskultur mündet, die – wie Jesper Juul es beschreibt – uns die Möglichkeit gibt, vom Gehorsam zur Verantwortung zu kommen.

Wir mussten beide feststellen, dass dies für uns ein sehr intensiver eigener Prozess war, da wir sogar in unseren Ausbildungslehrgängen zur Montessori-Pädagogik noch erlebten, dass zwar theoretisch von Eigenverantwortung und Selbsttätigkeit die Rede war – die Art des Umgangs mit uns Erwachsenen aber noch überwiegend gekennzeichnet war durch eine Gehorsamskultur.

Somit ist es für uns auch nicht verwunderlich, dass in vielen Montessori-Einrichtungen zwar alle Montessori-Materialien vorhanden sind, die Haltung der Lehrkräfte allerdings noch stark gekennzeichnet ist von der „alten Erziehungskultur".

Es ist uns somit ein dringendes Anliegen, mit diesen Handbüchern den Lehrkräften[1] im Elementarbereich eine Möglichkeit zu bieten, ihre Arbeit täglich zu reflektieren und dabei die von Søs Bayer genannten drei Kompetenzen zu entwickeln:

- Die Kompetenz, Beziehungen mit Kindern einzugehen
- Die Kompetenz, einen wichtigen Platz im Leben der Kinder einzunehmen, auch wenn man kein Elternteil ist
- Die Kompetenz, auszuhalten, dass die pädagogische Wirklichkeit dem Leben gleicht[2]

Ein wichtiges Anliegen dieser Reihe ist es, einen konkreten Wegweiser aufzuzeigen, wie sich die themenbezogenen Schwerpunkte des „Bildungsplanes der Elementarpädagogik" (BEP) konkret in der Montessoripädagogik reflektieren, welche vom Team des Montessori-Kinderhauses Bad Tölz so zusammengestellt wurden:

Mathematik erleben mit allen Sinnen – vom Konkreten zum Abstrakten
   BEP – Mathematische Bildung

Ohne Achtung vor dem eigenen Körper geht es nicht
   BEP – Gesundheitliche Bildung und Erziehung

Natur und Mensch ein Zusammenspiel, in dem die Verantwortung des Menschen gegenüber der Natur sichtbar wird
   BEP – Umweltbildung und -erziehung

Theorien des Kosmos verstehen lernen – Zusammenhänge erkennen
   BEP – Naturwissenschaftliche und technische Bildung

Ein Schwerpunkt unserer Einrichtung – ganzheitliche Musikförderung
   BEP – Musikalische Bildung und Erziehung

Sprache verstehen lernen
   BEP – Sprachliche Bildung und Förderung

Sport und Bewegung unverzichtbar – Lernen durch Bewegung
   BEP – Bewegungserziehung und -förderung, Sport

Offener Zugang zu allen kreativen Bereichen
   BEP – Ästhetische, bildnerische und kulturelle Bildung und Erziehung

Religion als Fundament des menschlichen Daseins
   BEP – Ethische und religiöse Bildung und Erziehung

In der Welt der neuen Medien und Technologien sich zurechtfinden
   BEP – Medienbildung und -erziehung, elementare informationstechnische Bildung

Diese genannten Themen werden uns bei der Beschreibung der verschiedenen Aktivitäten begleiten.

Wir wünschen Ihnen, dass bei der Erfüllung Ihres Bildungsauftrages Freude und Liebe im Zentrum Ihrer Arbeit stehen. Bleiben sie neugierig, wenn Sie mit den Kindern zusammen auf die Entdeckungsreise des Lebens gehen, zu der Ihnen diese Buchreihe eine ganzheitliche Grundlage vermittelt.

---

[1] Wir haben uns als Bezeichnung für die Begleitpersonen der Kinder für den Begriff „Lehrkraft" entschieden, um einerseits die geschlechtsspezifische Bezeichnung zu integrieren und andererseits deutlich zu machen, dass für uns in diesem Wort die professionelle Beziehungskompetenz enthalten ist, die sich kennzeichnet durch eine persönliche Autorität und nicht durch eine rollenbedingte Autorität.
[2] Jesper Juul, „Vom Gehorsam zur Verantwortung", Seite 163

Übungen des praktischen Lebens

Bedeutung der Übungen des praktischen Lebens

Die Übungen des praktischen Lebens haben nicht nur ein praktisches Ziel. Deshalb sollte der Ton nicht auf „praktisch" sondern auf „Leben" liegen. Das entspricht auch der Tradition großer „Menschheits-Lehrer".

*„Der Weg zur Erleuchtung und Erlösung führt über die Übung der Achtsamkeit. Man muss ihn mit Geduld und Ausdauer und am besten unter Anleitung eines erfahrenen Meisters gehen. Ihr solltet Meditation üben beim Gehen, Stehen, Liegen, Sitzen und Arbeiten, beim **Händewaschen,** Abspülen, Kehren und Teetrinken, im Gespräch mit Freunden und bei allem, was ihr tut. Ihr müsst jede Handlung mit Achtsamkeit ausführen. Jede Handlung ist ein Ritual. Klingt euch das Wort **Ritual** zu feierlich? Ich benutze es, um euch ein für alle Mal deutlich zu machen, dass Gewahrsein, Bewusstheit eine Sache von Leben und Tod ist."*[1]

Der vitale Drang zur Selbstverwirklichung ist es, der in den Kindern wirkt bei der Ausführung dieser Tätigkeiten. Zu den Übungen des praktischen Lebens gehören sowohl auf die Pflege der Umgebung als auch auf die Pflege der eigenen Person gerichtete Tätigkeiten.

Die Tätigkeiten müssen für sich selbst sprechen. Es geht nicht darum, dass die Kinder diese ausüben, weil wir sie tun oder wie wir sie tun und schon gar nicht weil wir die Arbeit angeordnet haben. Die vom Kinde ausgeübte Tätigkeit soll originäre Arbeit und Ausdruck des sich selbst entfaltenden Lebens sein. Die Lehrkraft zeigt den Kindern die Handlung – überlässt es aber dann dem Kind, sie auf seine Weise auszuführen. In einem Vortrag, den Maria Montessori in London gehalten hat, drückte sie es folgendermaßen aus: *„insegnare insegnando – non corrigendo"* (lehrend lehren, nicht korrigierend!)[2]

---

[1] Thich Nathan, Lächle deinem eigenen Herzen zu, Freiburg-Breisgau, 1995, S. 35, 45
[2] E. M. Standing, Maria Montessori – Leben und Werk, Finkenverlag Oberursel S. 128

Hierzu eine Aussage des ehemaligen brandenburgischen Bildungsministers Steffen Reiche: *"Ein guter Kindergarten zeichnet sich genau wie eine gute Schule, eine gute Hochschule, eine gute Berufsausbildung, sprich, ein gutes Leben dadurch aus, dass man die notwendige Gelassenheit besitzt, aus den Fehlern, die wir immer wieder machen, zu lernen. Also, wenn ein Kindergarten dies ermöglicht, Fähigkeiten zu entwickeln, Kompetenzen zu stärken, aber eben auch Fehler, die man selber oder andere machen, als Anlass für situationsbezogene Lernprozesse und das heißt Selbstbildungsprozesse zu nutzen, dann ist der Bildungs- und Erziehungsauftrag von Kindergärten erfüllt."*[3]

Wenn wir das Kind korrigieren, so fühlt es sich unterdrückt und entwickelt Minderwertigkeitsgefühle. Überlassen wir die Kritik aber der Umgebung („Selbstkontrolle"), so teilen die Gegenstände dem Kind die Grenzen mit. Dies steigert das Selbstwertgefühl.

---

[3] Kindergarten heute, 1/2005, Seite 24

Pflege der eigenen Person

Hände waschen

Auf einem kleinen Tisch stehen ein Krug und eine Schüssel aus Porzellan oder Metall, links davon liegen zwei zusammengefaltete Gästehandtücher und rechts davon ein kleines Schälchen mit einem Stück Seife und ein Schälchen mit Handcreme. Neben dem Tisch liegt ein zusammengelegter Putzlappen auf dem ein Eimer steht und eine Spülbürste liegt. Hier ist besonders auf die Ästhetik zu achten: Alle Gegenstände sollten farblich abgestimmt bzw. wohlklingend sein.

Zunächst wird der Krug mit Wasser gefüllt und auf dem Tisch abgestellt. Ein Teil des Wassers wird in die Schüssel gegossen. Besondere Aufmerksamkeit wird dem letzten Tropfen, der am Ausgießer hängen bleibt, gewidmet. Dieser wird vorsichtig am Schüsselrand abgestreift.

Nun werden Hände und Arme mit dem Wasser befeuchtet und kräftig mit der Seife eingerieben. Die Seife wird kurz ins Wasser getaucht und frei von Schmutzresten in die Schale zurückgelegt.

Beim Einseifen der Hände und Arme nimmt man sich viel Zeit, um unterschiedlichste Bilder wachzurufen, z.B. schmatzende Schweine, Barfußgehen im Schlamm o.Ä. Jedem einzelnen Finger wird beim Einseifen Aufmerksamkeit zuteil.

Jetzt werden die Hände und Arme durch Eintauchen in das Wasser der Schüssel von der Seife befreit. Beim Herausnehmen der Hände wird das Wasser abgeschüttelt und danach werden die Hände und Arme abgetrocknet. Das nasse Handtuch wird zum Trocknen aufgehängt und das benutzte Wasser aus der Schüssel in den Eimer geschüttet.

Der Wasserrest aus dem Krug wird nun in die Schüssel geleert, mit der Spülbürste wird die benutzte Schüssel mit Kreisbewegungen gereinigt.

Die Bürste wird auf den Putzlappen zurückgelegt, das restliche Wasser in den Eimer gegossen.

Mit dem zweiten Handtuch wird die Schüssel trockengerieben und eventuelle Wasserspritzer auf dem Tisch werden weggewischt. Auch dieses Handtuch wird zum Trocknen aufgehängt.

Zum Ende dieses Rituals werden Arme, Hände und jeder einzelne Finger liebevollst mit der in einem Schälchen bereitgestellten Creme einbalsamiert.

Pflege der eigenen Person

Die Kinder sind am Schluß einer solchen Darbietung ganz erfüllt und danken mit einem spontanen Applaus.

Folgende themenbezogene Schwerpunkte aus dem BEP sind hier hervorzuheben:

- Wahrnehmung des eigenen Körpers
- Durch das Massieren jedes einzelnen Fingers Kontakt aufnehmen mit den inneren Organen (Akupressur, Meridiane)
- Geräusche, die uns mit den unterschiedlichsten Naturerlebnissen in Kontakt bringen
- Gerüche, die Erinnerungen wachrufen, z.B. können beim Einseifen, Abspülen und Eincremen Sinneseindrücke aus der frühen Kindheit erlebt werden.
- Die farblich abgestimmten Gegenstände schulen das Empfinden für Ästhetik.
- Raum-Lage-Beziehungen wahrnehmen über die Anordnung der Gegenstände
- Mengenverständnis aufbauen über das Abschätzen der Wassermenge wie auch das Einseifen und Eincremen der einzelnen Finger
- Naturwissenschaftliche Zusammenhänge erkennen durch den bewussten Umgang mit Wasser. Das Erleben einer chemischen Reaktion: Wasser und Seife verbinden sich durch Reibung zu einem weißen Film – das Einwirken der Luft lässt diesen verschwinden und durch Reibung wieder entstehen.
- Erste Vorübung für Schreibbewegungen durch das Halten der Bürste (feste Hand) und das Reinigen mit der Bürste durch Kreisbewegungen wie auch das Trockenwischen der Schüssel (lockere Hand).
- Das bewusste Tun wird zu einer meditativen Handlung, die gleichzeitig zu einer echten religiösen Erfahrung wird. (Rituale dieser Art existieren in jeder Religion und bilden somit auch die Möglichkeit einer interkulturellen Begegnung.)

Durch solche Aktivitäten entsteht ein Einklang zwischen Körper, Seele und Geist, und somit die persönliche Verantwortlichkeit, die Jesper Juul als den wichtigsten Bestandteil in der Kindererziehung und dem sozialen Miteinander beschreibt:

„Nach unserer Meinung ist die Entwicklung der persönlichen Verantwortlichkeit die fruchtbarste Alternative zur Unterdrückung und Erniedrigung, eine wesentliche Qualität in Beziehungen und der zuverlässige Garant für verantwortungsvolle Gemeinschaften."[4]

Dieses wird durch die folgenden Aufnahmen aus dem „Erdkindergarten" in Eberharting sehr deutlich.

    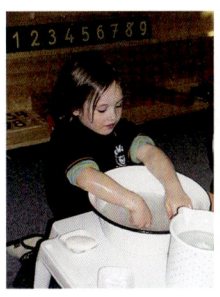 

---

[4] Jesper Juul, Vom Gehorsam zur Verantwortung, Seite 91/92

Anziehrahmen

Die große Bedeutung der **Anziehrahmen** wird verständlich, wenn wir die zwei wichtigen Prinzipien der Montessoripädagogik: die „materialisierte Abstraktion" und die „Isolierung der Schwierigkeiten" im Folgenden erläutern:

Materialisierte Abstraktion

Damit sich das Kind ganz auf den Vorgang der Bewegung konzentrieren kann, hat Maria Montessori für diese lebenspraktischen Tätigkeiten Materialien entwickelt, die bewusst nicht von alltäglichen Gegenständen abgenommen sind, sondern in eine verhältnismäßig abstrakte Form gebracht wurden. Sie beachtete dabei, dass das Kind beim Tun genügend Wiederholungsmöglichkeiten hat. Hierbei ist von großer Bedeutung, dass die Konzentration sich auf den Handlungsvorgang (prozessorientiert) richtet und nicht auf das Ergebnis.

Isolierung der Schwierigkeiten

Der Handlungsablauf wird in viele kleine Teilschritte zerlegt („Analyse der Bewegung"), damit das Kind zunächst beim Beobachten während der Darbietung genügend Zeit bekommt, die Vorgänge in ihrer Komplexität zu erfassen. Damit können wir auch auf die unterschiedlichsten Entwicklungsbedürfnisse der Kinder eingehen.

Beim eigenen Tun hat das Kind die Möglichkeit, in seinen persönlichen Rhythmus zu kommen und sich selbst genügend Zeit zu nehmen, um die Vorgänge über das „Muskelgedächtnis" im Gehirn zu speichern.

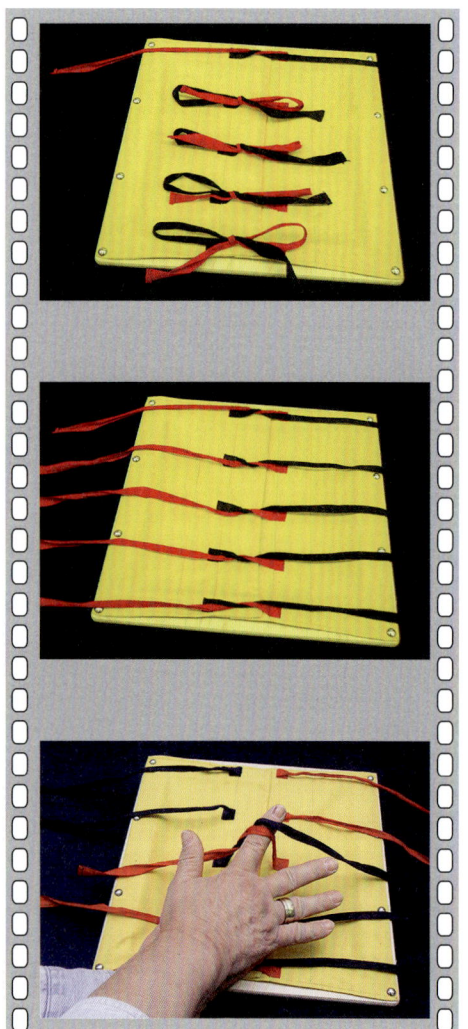

Gemeinsam mit dem Kind oder den Kindern wird der Schleifenrahmen von seinem Platz geholt und auf einem bereits ausgerollten Teppich platziert. Die Kinder sitzen seitlich von der Lehrkraft, um den Vorgang in der für sie passenden Raum-Lage-Beziehung beobachten zu können. Im ersten Schritt werden mit beiden Händen die Enden der Bänder gefasst und auseinandergezogen.

Der Zeigefinger wird unter die noch verknüpften Bänder geschoben und löst diese durch Anheben voneinander. Gleichzeitig wird darauf geachtet, dass die Bänder parallel an den Seiten liegen. Dabei wird automatisch eine „Überkreuzbewegung" wahrgenommen.

Pflege der eigenen Person

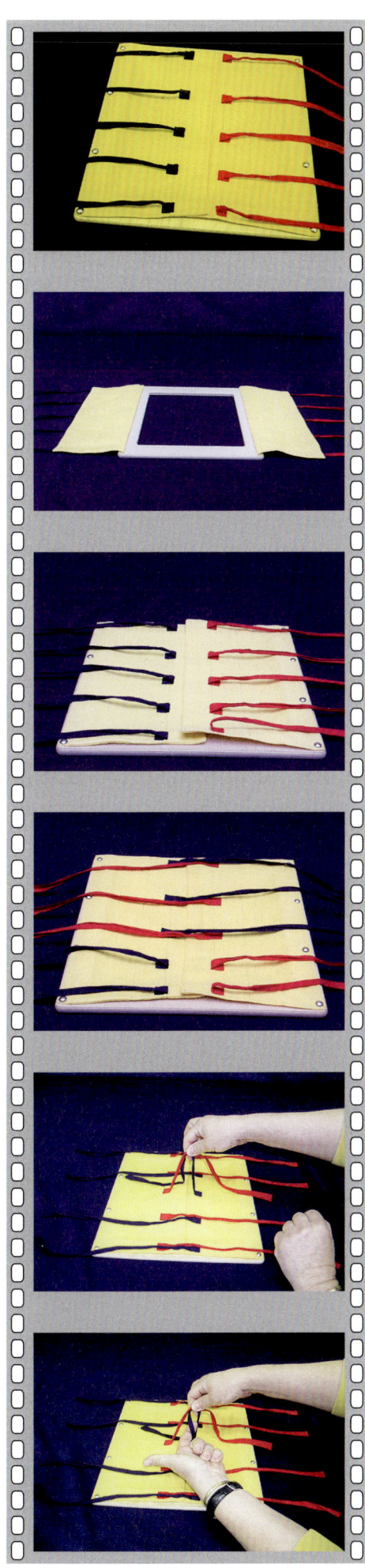

Durch Aufklappen der beiden Stoffteile wird der Rahmen geöffnet.

Mit beiden Händen werden die Stoffteile nacheinander wieder zusammengelegt.

Dabei ziehen die Bänder automatisch parallel mit.

In einer „Überkreuzbewegung" werden die Bänder mit den Schreibfingern der beiden Hände aufgenommen und über die Mitte zur anderen Seite des Stoffes gelegt.

Mit Zeigefinger und Daumen einer Hand werden die Bänder zu einem Tor angehoben, während der Zeigefinger der anderen Hand das hinten herunterhängende Band nach vorne holt.

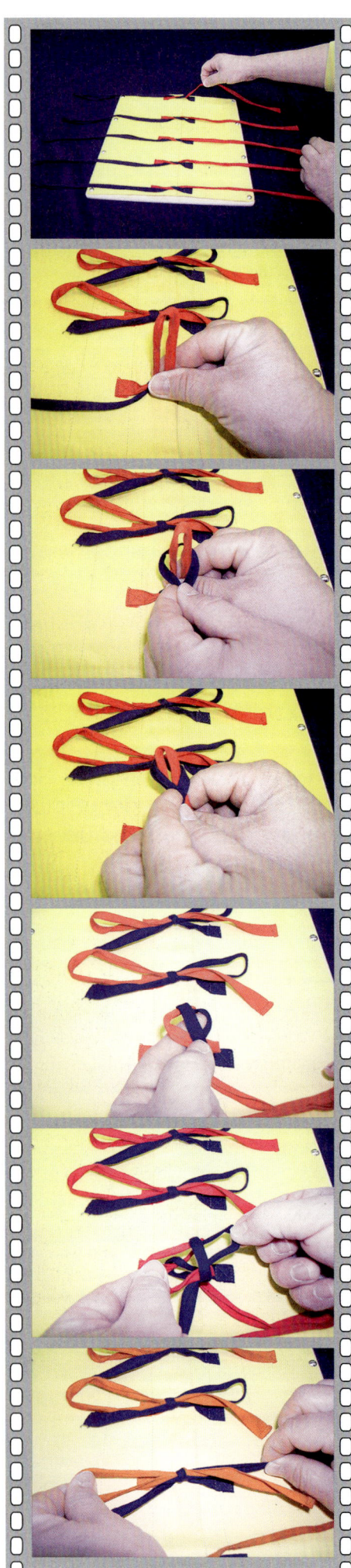

Beide Hände verknoten nun die Bänder.

Die linke Hand geht zur Mittelnaht des rechten Stoffteiles und Zeigefinger und Daumen heben das Band und bringen es zur Mitte. Rechter Zeigefinger und Daumen ergreifen das Band und bringen es in der Mitte zu dem anderen Teil, so dass eine Schlaufe entsteht, die von der rechten Hand gehalten wird. (Linkshändige Kinder sollten genau beobachtet werden, um dann zu entscheiden, ob ggf. eine Darbietung mit der linken Hand als Führungshand erfolgen soll.)

Die linke Hand ergreift an der Mittellinie des linken Stoffes das blaue Band und führt es von vorne in einer Kreisbewegung um die rote Schlaufe.

Mit dem Zeigefinger der linken Hand wird das blaue Band von vorne zwischen die beiden roten Bänder geschoben und mit Zeigefinger und Daumen der rechten Hand ergriffen. Die linke Hand fasst die rote Schlaufe.

Nun haben beide Hände eine Schlaufe in der Hand, die sie nur noch auseinander ziehen und die Schleife ist fertig!

Pflege der eigenen Person

Danach haben die Kinder die Möglichkeit, diesen Handlungsablauf in ihrer eigenen Art und in ihrem eigenen Tempo selbst auszuprobieren. Oft schaffen sie am Anfang nur einzelne Schritte und benötigen eine lange Zeit, um zur Vollendung des Schleifenbindens zu gelangen.

Es ist erstaunlich, mit welcher Intensität und Geduld die Kinder einen solch komplexen Vorgang immer wieder ausprobieren, um zu ihrer eigenen Vervollkommnung zu gelangen.

> Folgende themenbezogene Schwerpunkte aus dem BEP sind hier hervorzuheben:
> - Lernen durch Bewegung – vor allem im Sinne der Kinesiologie und der Edu-Kinesthetik, eine Methode, die sich mit entspanntem, gehirngerechtem Lernen beschäftigt.
> - Rhythmusgefühl entwickeln durch die immer wiederkehrenden Bewegungsabläufe
> - Auge-Hand-Koordination schulen mit den verschiedenfarbigen Bändern
> - Mathematische Bildung durch die ständige aktive Auseinandersetzung mit Raum-Lage-Beziehungen: die jeweilig erforderliche Länge der Bänder bei den verschiedenen Teilschritten beachten, sowie die Mittelnaht bei den Stoffteilen, indirekte Erfahrung mit Brüchen und Geometrie z.B. die Parallele,
> - Sprache verstehen lernen: indirekte Vorbereitung auf das Formulieren von Texten (z.B. Vorgangsbeschreibung) durch das bewusste Wahrnehmen einer Abfolge von Teilschritten, die in einem Höhepunkt enden,
> - Schulung der Schreibmotorik durch gezieltes Einsetzen der Schreibfinger beider Hände und der gleichzeitig lockeren Handführung,
> - Das bewusste Tun wird zu einer meditativen Handlung, die gleichzeitig zu einer echten religiösen Erfahrung wird.
> - Bei dieser Tätigkeit kann sich ein besonders starkes Selbstwertgefühl entwickeln, das wiederum eine Grundvoraussetzung für eine umfassende Sozialkompetenz bedeutet.

Wir beobachten gerade in der heutigen, schnelllebigen Zeit, dass wir versucht sind, komplexe Vorgänge wie das Schleifenbinden durch Klettverschlüsse zu ersetzen, was nicht immer in einer Selbstzufriedenheit mündet. Umso interessanter ist es, Kinder zu beobachten, die sich für solche Tätigkeiten Zeit nehmen und es genießen, damit mehr Autonomie und Wertschätzung zu erfahren.

Übungen des praktischen Lebens

In gleicher Weise werden die anderen Anziehrahmen eingeführt, die wir im Folgenden lediglich in Form von Bildern vorstellen:

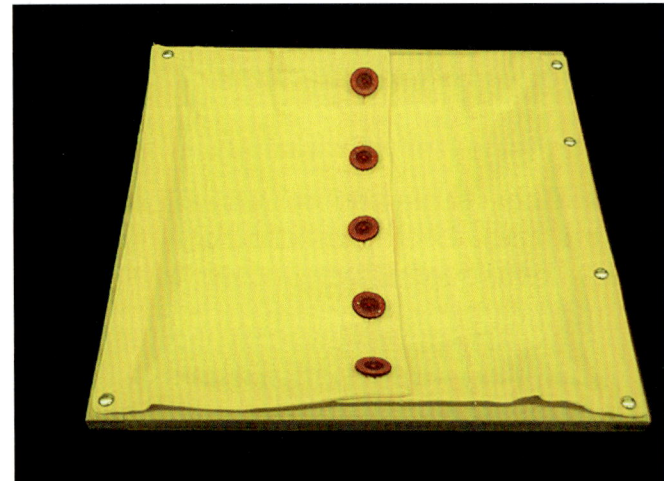

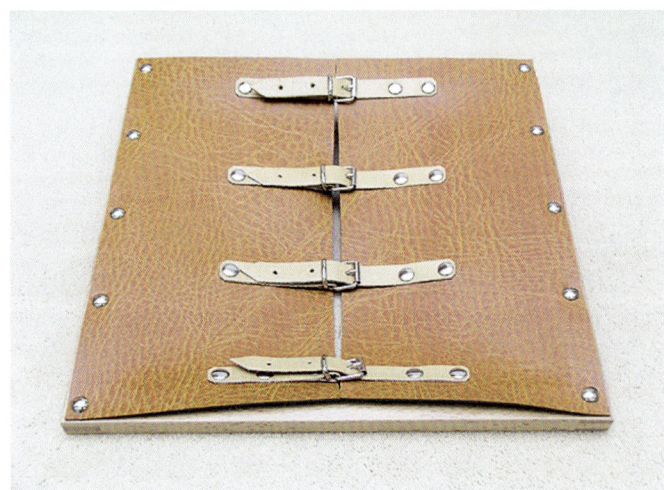
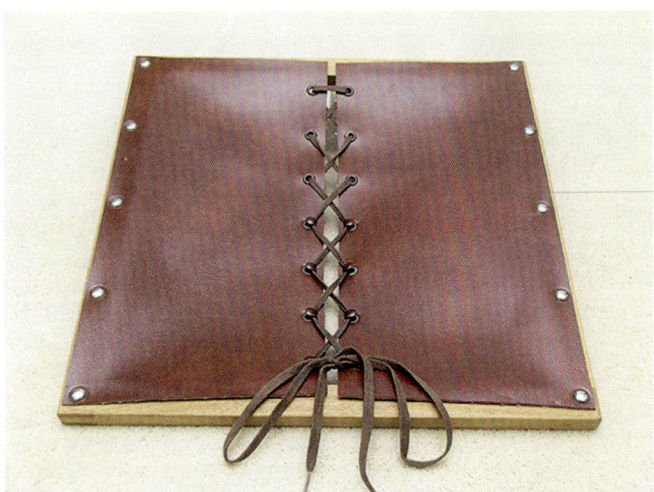

Zopf flechten

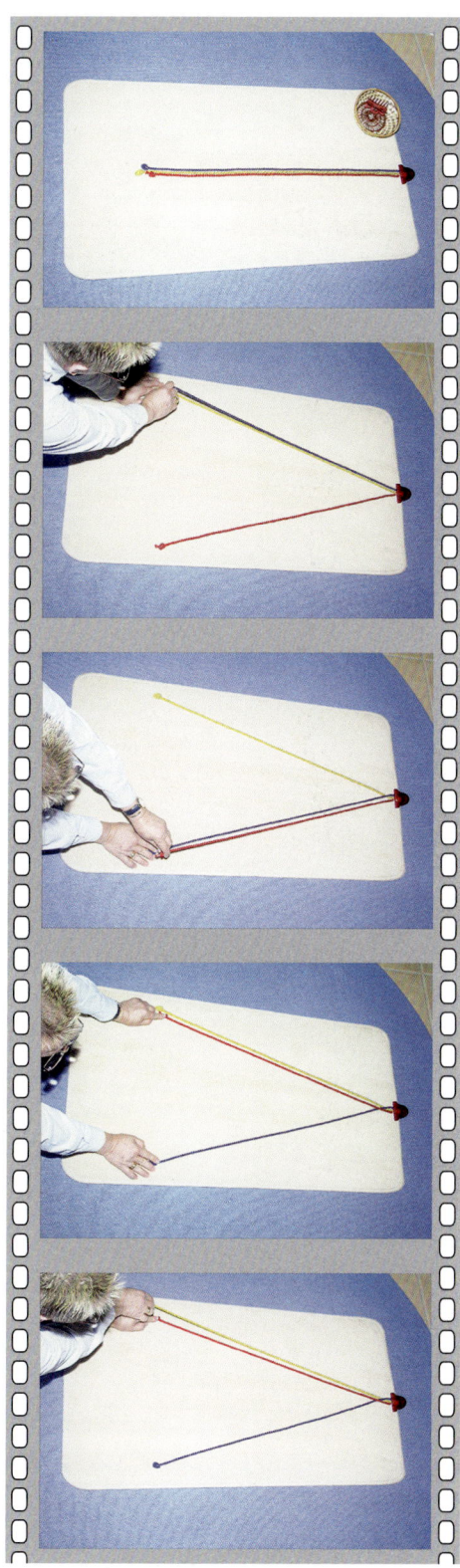

Auf einem ausgerollten Teppich werden am oberen Teppichrand mit einer Haarspange drei verschiedenfarbige Kordeln befestigt (zu empfehlen sind hierbei die drei Grundfarben) und parallel in der Mitte ausgelegt.

Zwei Kordeln (blau und gelb) werden an den linken Teppichrand geführt – die andere (rote) an den rechten Teppichrand. Es entsteht ein offenes Dreieck.

Die linke Hand hält die gelbe Kordel, während die rechte Hand über die Mitte nach links wandert, um die blaue Kordel nach rechts zu holen und diese parallel an der Innenseite der roten Kordel ablegt und sie festhält.

Die linke Hand ergreift die rote Kordel und führt diese zur linken Seite, um sie parallel an der Innenseite der gelben Kordel abzulegen.

Die rechte Hand geht über die Mitte zur gelben Kordel, hebt sie über die rote Kordel und wandert nach rechts, um sie an der Innenseite der blauen Kordel abzulegen.

Auf die gleiche Weise wechseln die Kordeln hin und her, bis zum Schluss auf der Mitte des Teppichs ein geflochtener Zopf liegt.

Zum Entflechten hält die linke Hand ein Kordelende fest, während die rechte Hand über die Mitte nach links wandert, um von dort die andere Kordel (blau) nach rechts zu holen.

Im gleichen Rhythmus wird der Zopf mit weiteren „Überkreuzbewegungen" entflochten, bis wieder alle drei Kordeln parallel in der Mitte des Teppichs liegen.

Pflege der eigenen Person

Die Haarspange mit den Kordeln wird von dem Teppichrand gelöst, in das entsprechende Körbchen zurückgelegt und zum Regal zurückgebracht.

Folgende themenbezogene Schwerpunkte aus dem BEP sind hier hervorzuheben:

- Für die mathematische Bildung steht im Vordergrund die Raum-Lage-Beziehung, sowie bereits eine bildhafte Vorstellung von Geometrie: Dreieck, Parallele, Senkrechte und ihre Beziehung zueinander.
- Durch die regelmäßige Auf- und Abwärtsbewegung der Arme entsteht automatisch ein bewusstes Ein- und Ausatmen, was zu einer allgemeinen Entspannung des Körpers führt.
- Im Sinne der Edu-Kinesthetik werden durch die „Überkreuzbewegungen" die beiden Hirnhälften aktiviert und ein Rhythmusgefühl entsteht.
- Das Rhythmusgefühl unterstützt in besonderer Weise die Sprachentwicklung, wobei es den Kindern Freude bereitet, diese Bewegungsabläufe mit kleinen rhythmischen Versen zu begleiten.
- Interessant für die Kinder ist der Transfer in die unterschiedlichsten Bereiche: Backen, Basteln, Kneten, Rollenspiel wie auch komplexere Tätigkeiten, wie Makramee

Schuhe putzen

Das Körbchen mit allen Utensilien wird zu einem Tisch oder einem ausgerollten Teppich geholt.

Ein abwaschbares Tuch wird ausgebreitet und darauf werden alle Utensilien auf ihren Platz gestellt.

In senkrechter Richtung wird der Schmutz mit einer harten Bürste auf ein Stück Zeitungspapier gebürstet.

Das Zeitungspapier wird mitsamt dem Schmutz zusammengefaltet und mit der Bürste zur Seite gelegt.

Mit Hilfe einer kleinen Handbürste wird der Schuh mit entsprechender Schuhcreme eingeschmiert. Dabei wird besonders auf verschiedene Bewegungen geachtet: Kreisbewegungen, Zickzack- und Bogenbewegungen.

Pflege der eigenen Person

Die Dose mit der Schuhcreme wird wieder verschlossen und mit der Bürste zur Seite gelegt. Mit einer großen, weichen Bürste wird der Schuh wiederum mit verschiedenen Bewegungen poliert.

Zum Schluss werden alle Utensilien wieder in das Körbchen zurückgelegt, das Wachstuch obenauf und das Zeitungspapier mit dem Schmutz im Restmüll entsorgt.

Folgende themenbezogene Schwerpunkte aus dem BEP sind hier hervorzuheben:
- Durch die bestimmte Anordnung der Gegenstände wird das mathematische Verständnis vor allem im Hinblick auf Raum-Lage-Beziehungen unterstützt, des weiteren geht es um das Abschätzen der adäquaten Menge von Schuhcreme, die für einen Schuh benötigt wird.
- Die verschiedensten Bewegungen bereiten die Hände auf das Schreiben vor und trainieren die „lockere" und die „feste" Hand.
- Durch den bewussten Umgang mit der Creme und dem „Dreck" erfährt das Kind ein Zusammenspiel, in dem die Verantwortung des Kindes gegenüber der Natur sichtbar wird.
- Verantwortungsbewusstsein ist gefragt bei der Benutzung von verschiedenen Putzmitteln für unterschiedliche Schuhe – wie auch ein bewusster Umgang mit der Zuordnung von Farben (Schulung des ästhetischen Empfindens).
- Durch das Interessewecken an Schuhen ergibt sich daraus häufig das Bedürfnis, zu erfahren, wie sich die „Schuhkultur" in Laufe der Geschichte gewandelt hat.

Pflege der Umgebung

Teppich aus- und aufrollen

Diese Aktivität ist von besonderer Bedeutung, da der Teppich für viele Kinder im Elementarbereich einen wichtigen Arbeitsplatz darstellt. Das Arbeiten auf dem Boden gibt den Kindern einen wesentlich größeren Bewegungsspielraum als die Arbeit am Tisch.

Hierbei ist die Teppichgröße von Bedeutung, da er genügend Platz bieten soll für die darauf auszuführende Tätigkeit als auch für das Kind selbst. Er bietet dem Kind in seiner Arbeit einen wichtigen „Schutzrahmen". Durch das Selbstverständnis von Anmut und Höflichkeit im Rahmen der Montessoriarbeit ist es für die Kinder eine unausgesprochene „Regel", den Teppich eines anderen niemals ohne Erlaubnis des Kindes auf dem Teppich zu betreten, geschweige denn darüber zu laufen.

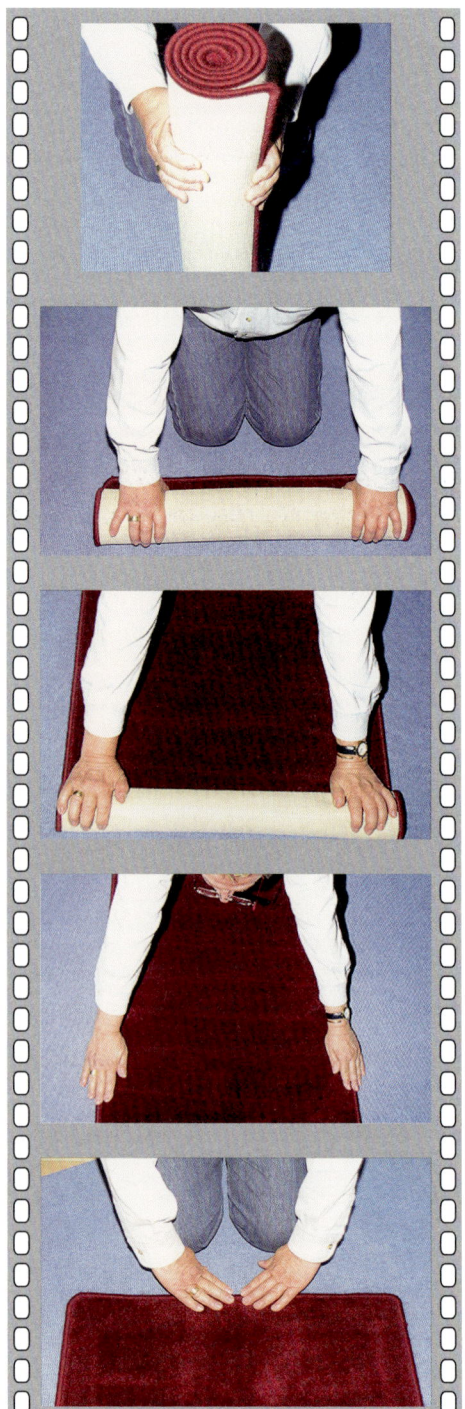

Gemeinsam mit dem Kind oder den Kindern geht die Lehrkraft zum Teppichständer, um einen Teppich herauszunehmen. In senkrechter Haltung trägt sie diesen zu dem jeweiligen Arbeitsplatz. Damit ist gewährleistet, dass bei dem Weg durch den Raum kein anderes Kind durch den Teppich behindert wird (Sozialkompetenz!).

Mit beiden Händen wird nun der Teppich vor den eigenen Knien abgelegt und langsam entrollt. Dabei „wandert" die Lehrkraft auf dem ausgerollten Teppich vorwärts, bis dieser ganz ausgerollt vor ihr liegt.

Mit beiden Händen streicht die Lehrkraft über die Gesamtfläche des Teppichs wie auch einmal um den gesamten Teppichrand herum.

Pflege der Umgebung

Nun schreitet sie mit bewussten Bewegungen – einen Fuß vor den anderen setzend – den gesamten Umfang des Teppichs ab. Unsere Beobachtung ist, dass diese Schwierigkeit, immer Verse an Spitze zu setzen, das besondere Interesse der Kinder erregt.

Im nächsten Schritt wird der Teppich wieder zusammengerollt, um die Arbeit zu beenden.

Während des Zusammenrollens überprüft die Lehrkraft mit einem Blick nach links und nach rechts, ob die Teppichkanten bündig abschließen.

In senkrechter Haltung trägt die Lehrkraft den Teppich wieder an seinen Platz zurück.

Folgende themenbezogene Schwerpunkte aus dem BEP sind hier hervorzuheben:

- Die Arbeit mit dem Teppich bietet dem Kind ein großes Spektrum an mathematischen Erfahrungen: Fläche und Umfang, Verwandlung von der Fläche zu einem Körper (Zylinder), Winkel, Grundlage für Raum-Lage-Beziehung bei jeder Aktivität, die auf dem Teppich stattfindet,
- Bezüglich der gesundheitlichen Bildung und Erziehung bietet der Teppich dem Kind viele Möglichkeiten, sich in unterschiedlichen Körperhaltungen in seiner Arbeit zu erleben: liegend, sitzend, kniend ...
- Beim Balancieren kommt das Kind in einen eigenen Rhythmus und erfährt Möglichkeiten und Grenzen seiner Körperhaltung – mit dem Endziel zu einem wirklich „aufrechten Gang" zu kommen, einer Grundvoraussetzung für eine selbstbewusste Persönlichkeit.
- Durch den Schutz, den der Teppich dem Kind bei seiner Arbeit bietet, erfährt dieses genügend Sicherheit bei seiner Persönlichkeitsentfaltung, was schließlich in der Übertragung auf die anderen zu einer hohen Sozialkompetenz führt.
- Da es im Raum immer verschiedenfarbige Teppiche gibt (nach Möglichkeit einfarbig und ruhige Farbtöne!), kann das Kind nach seinem Empfinden auswählen, der dann auch farblich abgestimmt sein kann zu den Materialien, die darauf benutzt werden. (Eine wichtige Voraussetzung für die ästhetische Erziehung)

Pflege der Umgebung

Tücher falten

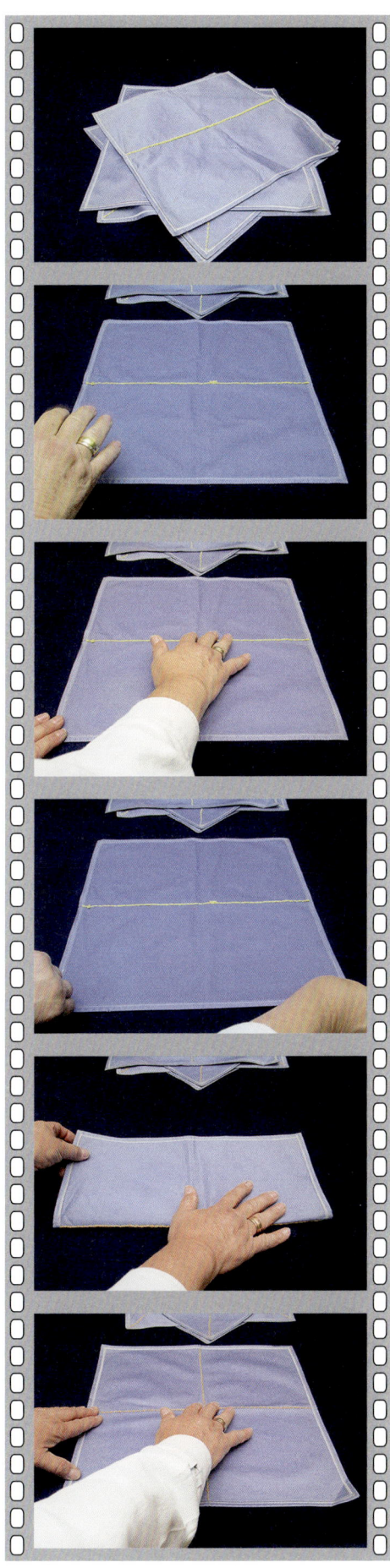

Fünf einfarbige quadratische Stoffservietten sind an verschiedenen Stellen mit gestickten Nähten versehen und liegen ausgebreitet auf einem Tablett.

Das erste Tuch wird von dem Tablett genommen und auf einen ausgerollten Teppich gelegt, so dass eine waagerechte Linie vor der Lehrkraft sichtbar ist.

Die Linie wird in der Horizontalen mit den Fingerspitzen von links nach rechts nachgefahren.

Mit beiden Händen werden die unteren Ecken aufgenommen und über die gelbe Linie bündig zum oberen Rand gefaltet.

Aus dem Quadrat entsteht ein Rechteck!

Das nächste Tuch hat eine horizontale und eine vertikale Linie. Zuerst wird wieder die horizontale Linie abgetastet und das Tuch wird wieder über diese Linie zum oberen Rand gefaltet.

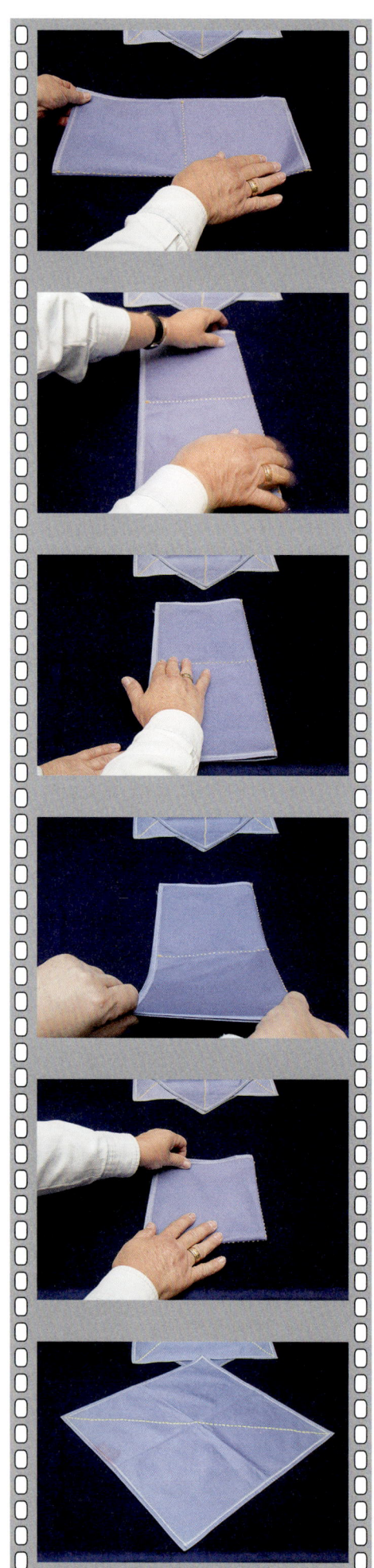

Das halbierte Tuch wird um eine viertel Umdrehung gedreht.

Die kurze horizontale Linie wird wieder abgetastet, das Tuch an den beiden unteren Ecken aufgenommen und wieder über diese Linie zum oberen Rand gefaltet.

Aus dem großen Quadrat entsteht ein kleines Quadrat bzw. ein Ganzes ist nun in vier Viertel verwandelt.

Das nächste Tuch wird mit der Ecke zur Lehrkraft auf den Teppich gelegt, so dass die Diagonale horizontal zu sehen ist.

Pflege der Umgebung

Auch diese Linie wird mit den Fingerspitzen abgetastet.

Eine Hand hält das Tuch, während die andere die untere Ecke ergreift und das Tuch über die Linie zur oberen Ecke faltet.

Aus dem Quadrat entsteht ein gleichschenklig, rechtwinkliges Dreieck.

Das vierte Tuch hat zwei Diagonalen und wird wieder mit einer Ecke zur Lehrkraft gelegt.

Wie beim vorherigen Tuch wird die Diagonale abgetastet und das Tuch über die Linie gefaltet (halbiert).

Im Uhrzeigersinn dreht die Lehrkraft das Tuch eine viertel Umdrehung, tastet die kurze Linie (Höhe des Dreiecks) von links nach rechts ab und faltet das Tuch über diese Linie zur oberen Ecke des Dreiecks.

Aus dem Quadrat ist ein kleines rechtwinkliges, gleichschenkliges Dreieck entstanden oder aus einem Ganzen vier Viertel.

Das letzte Tuch hat lediglich einen markierten Mittelpunkt und wird auch mit der Ecke zur Lehrkraft zeigend gelegt.

Die Lehrkraft nimmt eine Ecke und faltet damit das Tuch von unten zum Mittelpunkt, das Gleiche macht sie mit den anderen drei Ecken, einmal von links nach rechts, von oben nach unten und von rechts nach links.

Pflege der Umgebung

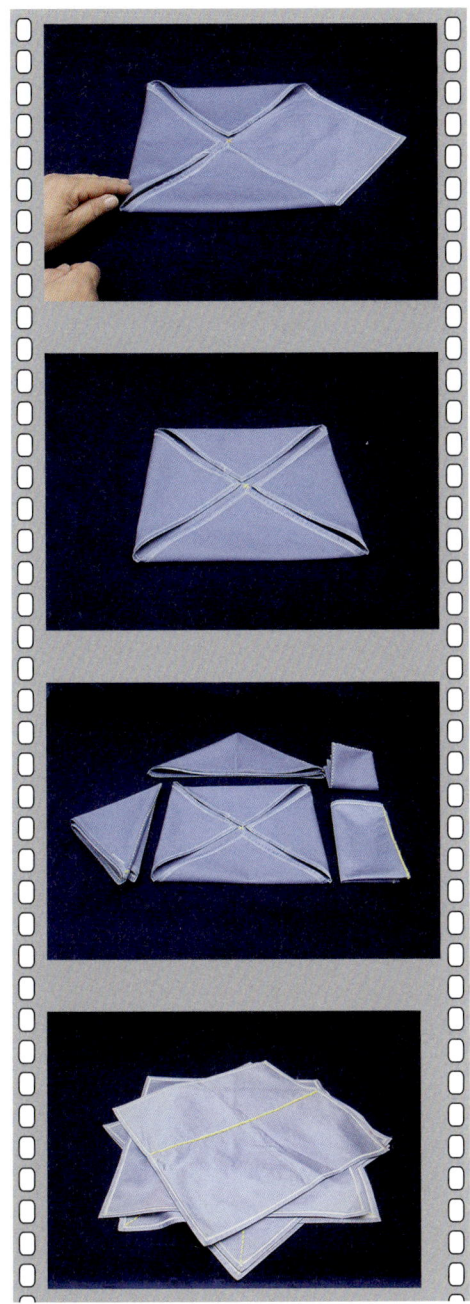

Es ist zu erkennen, dass nun das ursprüngliche Quadrat aus zwei Quadraten besteht, wovon das oben sichtbare in vier gleich große rechtwinklige, gleichschenklige Dreiecke aufgeteilt ist.

Die fünf gefalteten Tücher können nun – je nach Entwicklungsstand der Kinder – auch mit der jeweiligen Form benannt werden bzw. weitergefaltet werden, um noch mehr „Bruchteile" zu bekommen und auch diese zu benennen.

Zum Schluss werden die Tücher wieder auseinander gefaltet, auf das Tablett gelegt und an ihren Platz zurückgebracht.

Folgende themenbezogene Schwerpunkte aus dem BEP sind hier hervorzuheben:

- Bezüglich der mathematischen Bildung kann das Kind bei dieser Aktivität eine Vielfalt an Erfahrungen sammeln: die Verwandlung eines Quadrates in verschiedenste geometrische Formen, geometrische Begriffe, wie Ecke, Linie, Horizontale, Vertikale, Diagonale, Symmetrien, Bruchrechnung, Achsendrehung, Erfahrungen mit der Uhr (ganze, halbe, viertel Stunden)
- Für den Bereich „Sprachliche Bildung und Förderung" wird der Wortschatz in besonderer Weise bereichert, sowie Steigerungsformen (klein – groß oder klein – kleiner – am kleinsten bzw. groß – größer – am größten) erfahren.
- Durch das Abtasten der Linien von links nach rechts wird die Handmotorik geschult (später: Fühlbuchstaben bzw. -ziffern) bzw. die Schreibrichtung indirekt vorbereitet.
- Es wird eine Grundlage geschaffen für weitere ästhetische, bildnerische Erziehung: Faltarbeiten in jedweder Form, Ausschmücken von Gegenständen und Räumen, Geschenke verpacken u.v.a.
- Über das Falten können die Kinder in Kontakt kommen mit anderen Kulturen (z.B. Japan, wo diese Kunst einen wesentlichen Bestandteil des Lebens ausmacht).
- Anwendung in der unmittelbaren Umwelt des Kindes: Sorgfältiger Umgang mit der Kleidung, mit Blick auf die Umwelterziehung könnte es eine Hilfestellung bieten zum bewussten Umgang mit verschiedensten Verbrauchsmaterialien, z.B. Papierverbrauch in Form von Taschentüchern, Handtüchern u.ä.

Pflege der Umgebung

Löffeln – Gießen – Schütten

Beobachten wir Kleinstkinder, die von einem Erwachsenen gefüttert werden, so können wir sehen, dass diese schon sehr früh Zeichen setzen, selbst einen Löffel oder ein Gefäß in die eigene Hand nehmen zu wollen. Sie machen darin unterschiedlichste Erfahrungen – nicht zuletzt auch durch die vielfältigsten Reaktionen von Erwachsenen.

Es ist zu beobachten, dass vor allem zwei- und dreijährige Kinder eine besondere Sensibilität für die alltäglichen Aktivitäten zeigen, da es ihnen offensichtlich um die Vervollkommnung ihrer Muskelkoordination geht. Hierzu schreibt E.M. Standing:

„Alle Übungen des praktischen Lebens wie in Anmut und Höflichkeit sind synthetische Bewegungen, denn jede hat ihren verständlichen Sinn als Teil des sozialen Lebens in einer wirklichen Welt. Auf diesem Pfade „sinnvoller Tätigkeiten" will Maria Montessori das Kind weitergeführt sehen. Wir sollen seinen Geist dahin leiten, dass er nicht nur Zweck und Ziel, sondern auch die Mittel sieht. Je mehr die Intelligenz die Handlungen des Kindes mit dem Lichte der Vernunft erhellt, was deren Spontaneität keineswegs zu mindern braucht, umso mehr nähert sich die kindliche Entwicklung dem Ziel der Natur, der „funktionellen Fleischwerdung" des Menschen, dem Verschmelzen der Seele mit ihrem motorischen Ausdrucksträger zur Einheit der Persönlichkeit. Das wachsende Verständnis des Kindes für seine Handlungen und ihre Vervollkommnung wird durch die als „Analyse der Bewegung" bekannte Methode gefördert."[5]

Bei den unterschiedlichsten Spielen – vor allem im Sandkasten – haben die Kinder bereits mit ihren beiden Händen viele „Löffelerfahrungen" gemacht.

Mit den beiden **großen Holzlöffeln** erfährt das Kind nun, wie eine „fremde Hand geführt werden kann". Dabei macht es bei dem Hin- und Herlöffeln ständige Überkreuzbewegungen über die Körpermitte, was für den Geist besonders anregend ist. Deshalb fallen dem Kind auch spontan sehr viele Aktivitäten damit ein: die beiden Holzlöffel zusammenhalten und durch rhythmische Bewegungen unterschiedliche Klänge erfahren – vor allem indem es die Anzahl der Glassteine verändert. Dies wiederum regt den „mathematischen Geist" in besonderer Weise an: ein Kind gibt heimlich eine

---

[5] E.M. Standing, Maria Montessori – Leben und Werk, Finkenverlag Oberursel S. 129 f

bestimmte Anzahl von Glassteinen zwischen die beiden Holzlöffel und schüttelt sie, während die anderen erraten müssen, wie viele Steine zu hören sind.

Löffeln auf dem Tablett

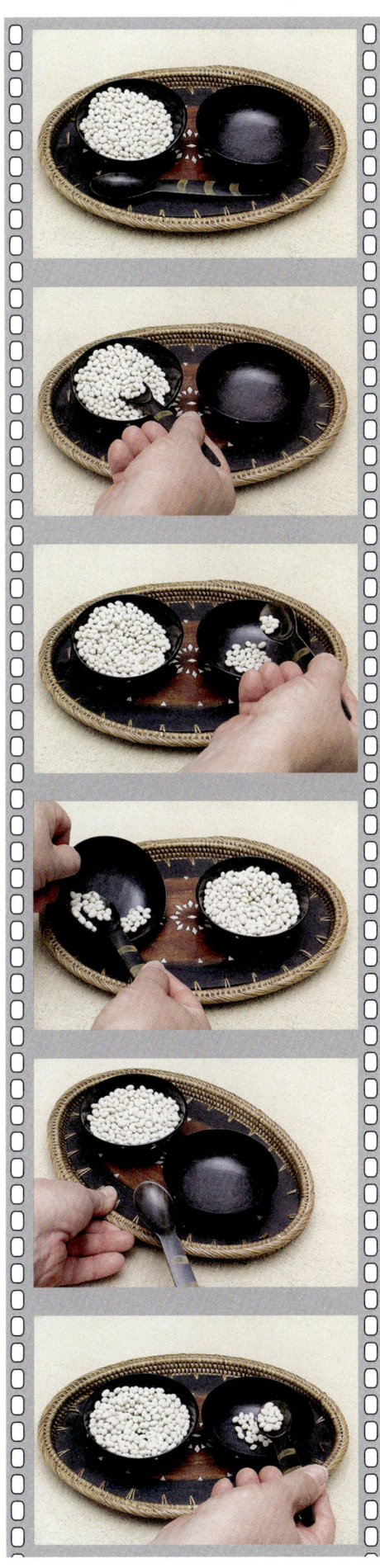

Das Tablett wird vom Regal geholt und zu einem ausgerollten Teppich oder zu einem Tisch gebracht.

Die Lehrkraft stellt das Tablett so vor sich, dass die gefüllte Schale links auf dem Tablett steht und der Löffel vor beiden Schalen liegt.

Mit einer Hand ergreift die Lehrkraft den Löffel und nimmt damit einige Körner auf, um diese über die Mitte zum rechten leeren Schälchen zu bringen. (Die Lehrkraft arbeitet hierbei ihrer „persönlichen Händigkeit" entsprechend!)

Nachdem alle Körner in der rechten Schale sind, wird das Tablett gedreht und wieder in die Ausgangsstellung gebracht, so dass von Neuem **in Schreibrichtung** gelöffelt werden kann.

Es ist immer wieder erstaunlich, wie häufig die Kinder diese doch einfache Tätigkeit wiederholen. Es scheint eine innere Notwendigkeit zu sein, die die Kinder antreibt. Hierzu sagt Maria Montessori: *„Ihre tiefe Versunkenheit, ihr freudiger Ernst, der in keinem Verhältnis zum äußeren Ziel der Handlung stehende Energieaufwand, der sich insbesondere in scheinbar sinnlosen Wiederholungen zeigt – alles das legt den Gedanken nahe, dass die Kinder unter einem seltsamen, man möchte fast sagen „magischen" Bann handeln. Und so ist es auch. Es geht hier um mehr als um bloßes Interessiertsein an der Arbeit: die Kinder treibt eine innere Notwendigkeit. Der vitale Drang zur Selbstverwirklichung ist es, der in ihnen und durch sie wirkt."*[6]

---

[6] E.M. Standing, Maria Montessori – Leben und Werk, Finkenverlag Oberursel S. 124–132

Pflege der Umgebung

Gießen bzw. Schütten

Das Tablett wird vom Regal geholt und zu einem ausgerollten Teppich bzw. zu einem Tisch gebracht.

Das rechte Kännchen ist mit Körnern bzw. farbigem Sand gefüllt.

Die rechte Hand nimmt das volle Kännchen und schüttet den Sand in das linke leere Gefäß.

Die linke Hand nimmt das jetzt volle linke Kännchen und füllt damit das rechte Gefäß. Durch diesen regelmäßigen Handwechsel entsteht ein rhythmisches, kinesiologisches Miteinanderarbeiten der Hände.

Bei diesen Aktivitäten ist es wichtig, die Übungen immer wieder einmal zu variieren – siehe einige Beispiele anhand der folgenden Bilder:

Übungen des praktischen Lebens

Als indirekte Vorbereitung für die Stifthaltung sind hier verschiedene „Pinzettenübungen" besonders geeignet. Bei der in der folgenden Bilderserie aufgezeigten Übung gibt der kleine Glasuntersetzer dem Kind eine große Bandbreite an Entdeckungsmöglichkeiten: geometrische Muster, alle Ziffern und Buchstaben. Zum Schluß kommt das Kind zur Erkenntnis, dass eine Digitalanzeige auf die gleiche Weise funktioniert.

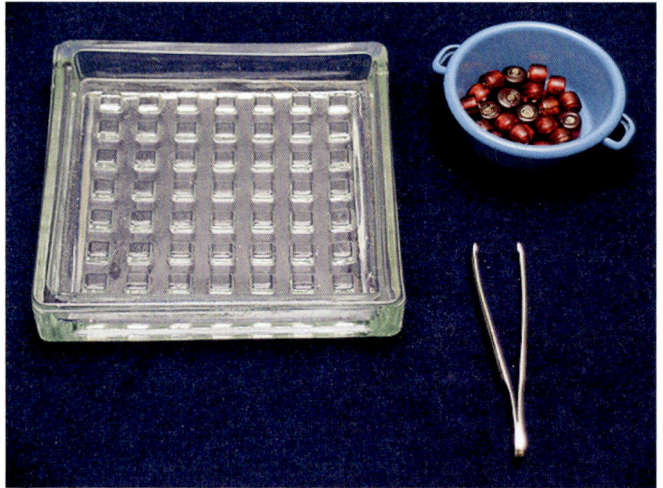
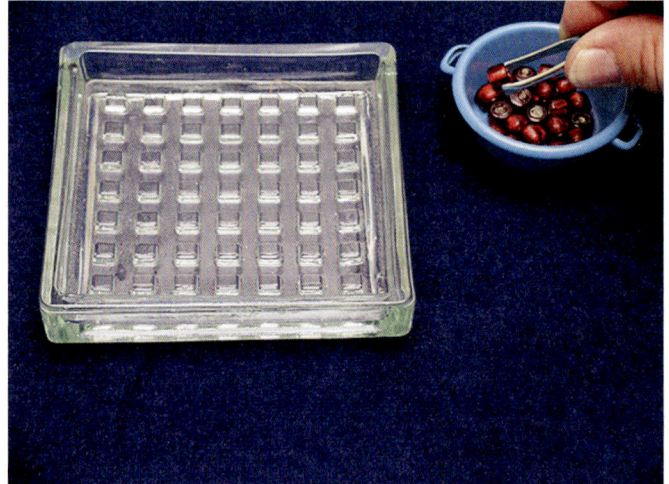
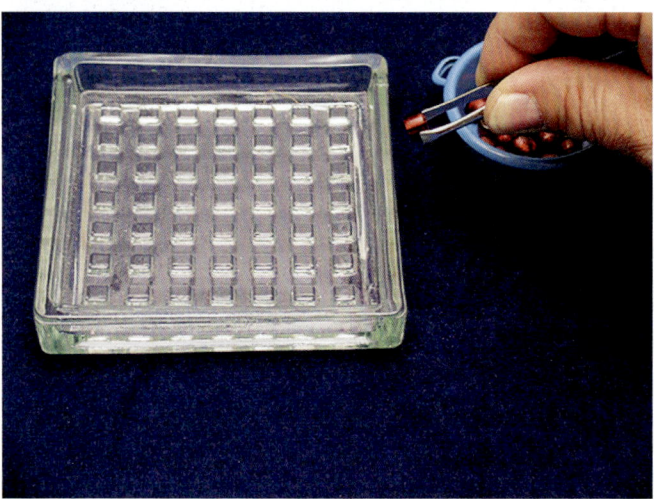
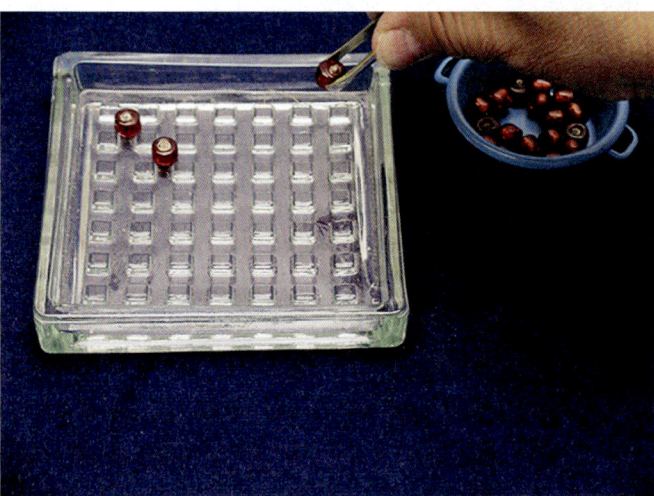

Pflege der Umgebung

37

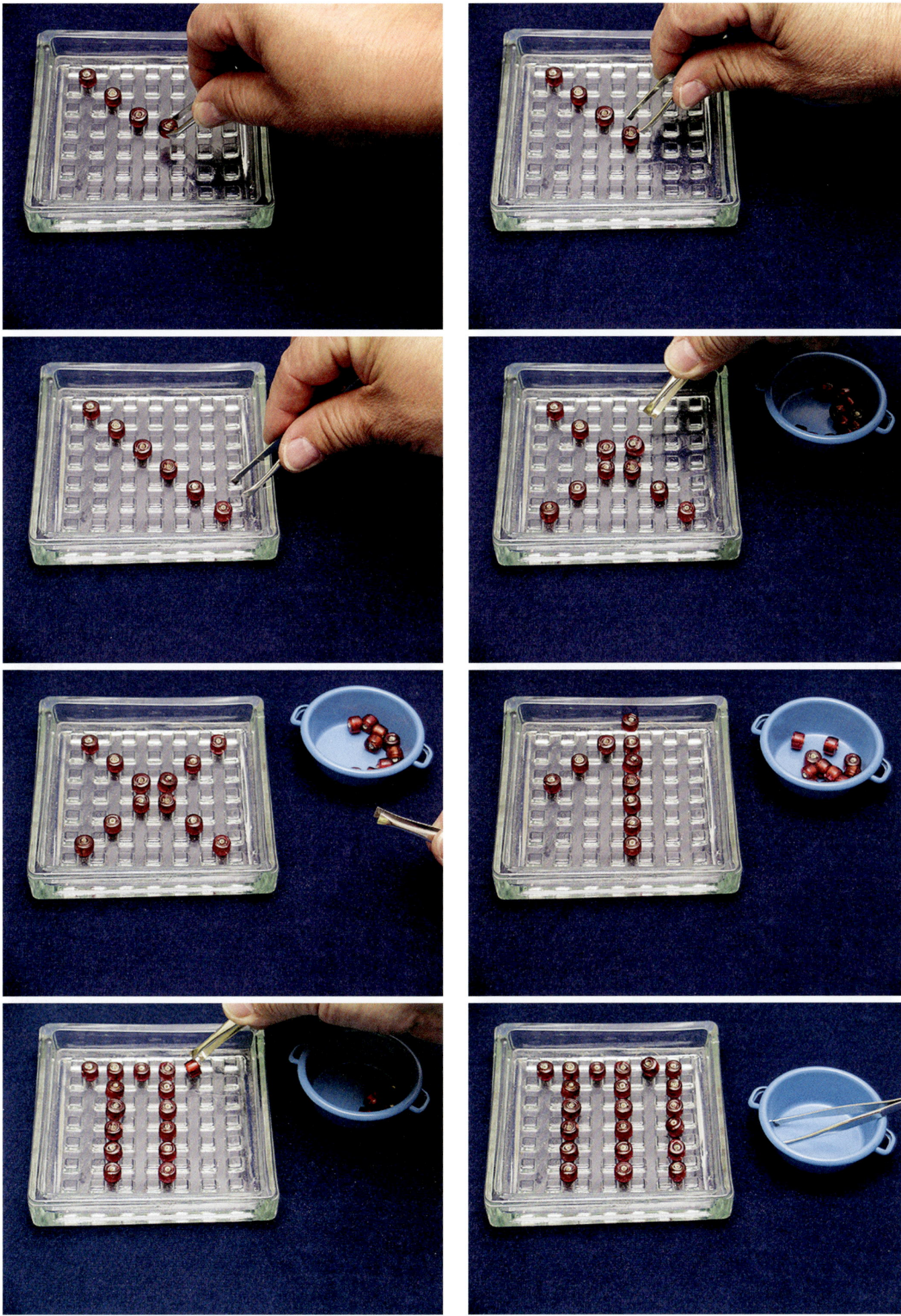

Folgende themenbezogene Schwerpunkte aus dem BEP sind hier hervorzuheben:

- Im Bereich der mathematischen Bildung erfährt das Kind vor allem den Umgang mit Mengen, die es von der Größe her abschätzen lernt, aber auch auf verschiedene Gefäße verteilen kann, in der Arbeit mit verschiedenen Löffeln, Schaufeln und anderen Gegenständen wird das Kind mit der Relation von Volumen in Kontakt gebracht,
- Bei dem Einsatz von Körnern oder Hülsenfrüchten kommt das Kind sinnlich in Kontakt mit der unterschiedlichen Struktur und Größe, durch die sinnliche Auseinandersetzung mit diesen Naturprodukten erlernt das Kind eine besondere Wertschätzung den Gaben der Natur gegenüber. (Besonders wichtig für Stadtkinder!)
- Im Spiel kommt es oft vor, dass Kinder bei diesen Schüttübungen auch Körner mit Sand und Wasser vermischen. Dabei machen sie wesentliche Erfahrungen bezüglich der Zusammenhänge in der Natur, wenn aus einem solchen Gemisch plötzlich neue Pflanzen hervorgehen können.
- Bei diesen Übungen entsteht ein starkes rhythmisches Empfinden, verbunden mit vielfältiger Klangerfahrung durch die unterschiedlichsten Materialien: z.B. Körner in Glas, Holz, Blech, Horn, Pappe u.a. (Dies kann schon eine erste Sinneserfahrung sein im Hinblick auf unterschiedliche Instrumente.)
- Die Handmotorik wird auf unterschiedlichste Weise für das Schreiben vorbereitet – hier besonders auch der „Pinzettengriff", durch die Anordnung der Gefäße auf verschieden großen Tabletts wird die Auge-Hand-Koordination geschult – je kleiner das Tablett, umso mehr wird das Auge auf eine spätere Linienführung vorbereitet.
- Die Kreativität wird bei all diesen bunten Steinen, Kugeln, Körnern u.ä. in höchstem Maße angeregt, spontan Muster zu legen bis hin zu komplexen Mandalabildern.

Über die Art und Weise der Durchführung einer Lektion hat Maria Montessori sich folgendermaßen geäußert: *„Unsere Aufgabe besteht darin, zu zeigen, wie die Tätigkeit ausgeführt werden soll – zugleich aber die Möglichkeit der Nachahmung auszuschalten. Die Tätigkeit muss für sich selbst sprechen: So staubt man ab. Wir wollen nicht, dass das Kind diese Tätigkeit ausübt, weil wir sie tun oder wie wir sie tun, oder weil wir die Arbeit angeordnet haben. Also müssen wir sie in ihren einzelnen Phasen so sachlich wie möglich vorführen. Die dann vom Kinde ausgeübte Tätigkeit soll originäre Arbeit und Ausdruck des sich selbst entfaltenden Lebens sein. Denn auch hier ist es ja auch unser Ziel, den Kindern „zu helfen, es selbst zu tun, damit sie in allen vorkommenden Fällen ohne den Erwachsenen fertig werden, ihre Umgebung meistern lernen und sich dieses Könnens auch bewusst werden".*[7]

---

[7] E.M. Standing, Maria Montessori – Leben und Werk, Finkenverlag Oberursel S. 124–132

Pflege der Umgebung

Tisch kehren

Das Tablett mit den Utensilien zum Tischkehren wird vom Regal zu einem leeren Tisch geholt.

Die Mitte des Tisches wird durch einen farbigen Klebepunkt markiert.

Aus der Dose wird Schmutz auf dem Tisch verteilt.

Mit einem kleinen Handbesen bringt die Lehrkraft den Schmutz von allen Seiten zum farbigen Klebepunkt (zentrieren).

Mit möglichst wenigen Fegebewegungen wird der Schmutz auf eine Kehrschaufel gebracht.

Zum Schluss landet der Schmutz wieder in der dafür vorgesehenen Dose.

Folgende themenbezogene Schwerpunkte aus dem BEP sind hier hervorzuheben:

- Besondere Aufmerksamkeit gilt hierbei der Fokussierung auf ein Zentrum. Somit wird diese einfache Aktivität zu einer wahren Meditationsübung. In einem Gespräch kann hier auch eine Verbindung hergestellt werden zu unterschiedlichsten Ritualen in den verschiedenen Religionen.
- In Bezug auf die sprachliche Bildung können Wörter gefunden werden, deren Bild zu dem des Tischkehrens passt: Zentrifuge, konzentrisch, Konzentration, Zentrum,
- Transfer dieser Tätigkeit auf alle anderen alltäglichen Übungen wie Fegen, Boden wischen, Fenster putzen, Laub rechen, Schnee schippen u.a. Damit tragen diese Aktivitäten wesentlich zur gesundheitlichen Bildung und zur Bewegungserziehung bei, wie auch zu einem respektvollen Umgang mit der Umgebung (Umwelterziehung).

Gerade bei diesen Aktivitäten neigen Erwachsene dazu, sie zu bestimmten Zeiten von den Kindern in Form von „Ämtern" ausführen zu lassen. Dabei besteht die Gefahr, dass sie zu einer „Pflicht" werden und nicht zu einem Teil des Lebens der Kinder, das sich entfaltet und damit auch ein selbstverständlicher Bestandteil des Gemeinschaftslebens wird.

„Ohne die Freiheit, sie jederzeit auszuüben, werden die Kinder kaum zu ihrer geliebten Umgebung jene lebendige „Beziehung" entwickeln, die für die Bildung ihres sozialen Verhaltens und für die Formung ihres Charakters so wesentlich ist."[8]

---
[8] E.M. Standing, Maria Montessori – Leben und Werk, Finkenverlag Oberursel S. 124–132

Pflege der Umgebung

Metall polieren

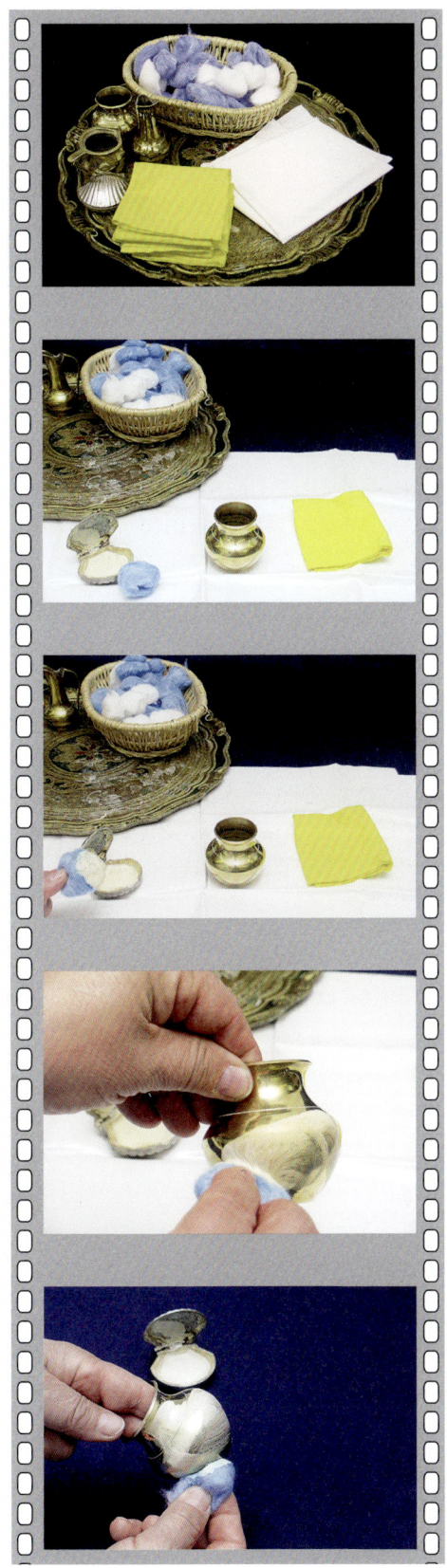

Das dafür vorgesehene Tablett wird von dem Regal zu einem ausgerollten Teppich oder zu einem Tisch geholt.

Nun werden die einzelnen Teile, die für den Gesamtvorgang gebraucht werden, auf eine speziell dafür vorgesehene abwaschbare Unterlage gestellt.

Die Lehrkraft tunkt ein Wattebällchen in eine spezielle Reinigungsflüssigkeit und trägt diese auf einem Messinggefäß auf.

Sofort ist zu beobachten, dass ein heller Film auf dem Metall entsteht.

Ein Poliertuch wird vom Tablett genommen und über Eck (rautenförmig) auf die Unterlage gelegt. Um das besondere Interesse des Kindes zu wecken, zeigt die Lehrkraft Schritt für Schritt, wie mit einem offenen Tuch zum Schutze der Finger und zur effektiveren Handhabung allmählich eine kleine Mütze auf den Fingern entsteht. Nun kann hiermit ganz leicht das Messinggefäß poliert werden.

Zum Schluss kann beobachtet werden, wie durch diesen Vorgang ein schwarzer Belag auf dem Tuch entsteht (chemische Reaktion).

Das benutzte Tuch kommt in die Schmutzwäsche, wird gewaschen und danach von den Kindern gebügelt und gefaltet, das Wattebällchen mit der Reinigungsflüssigkeit wird in einem besonderen Müllbehälter entsorgt.

Folgende themenbezogene Schwerpunkte aus dem BEP sind hier hervorzuheben:
- Erkennen von Raum-Lage-Beziehungen durch das systematische Anordnen der Gegenstände auf der Unterlage.
- Indirekte Vorbereitung auf das Schreiben durch unterschiedlichste Handbewegungen, wie auf und ab, kreisförmig, wellenförmig, Lockerung des Handgelenks,
- Bezüglich der gesundheitlichen Bildung und Umwelterziehung lernt das Kind den bewussten Umgang mit Stoffen,
- Eine besondere Erfahrung bezüglich des kosmischen Bereichs sind hier die chemischen Reaktionen: Eine bestimmte Flüssigkeit auf Metall lässt durch Einwirkung der Luft einen weißen, trockenen Film entstehen und durch Reibung bildet sich auf einem Tuch ein scheinbar neuer Stoff, der jetzt schwarz ist.
- Eine besondere Bewegungserfahrung ist für das Kind das Falten des Tuches um die Finger, als auch die Kunst, diesen „Handschuh" während des Polierens zusammenzuhalten.
- Bei weiteren Erfahrungen mit Reinigungsmitteln auf verschiedenen Materialien lernt das Kind, dass es unterschiedliche Reaktionen gibt, dass manche auch unangenehm riechende Gase entwickeln und damit besondere Vorsicht angesagt ist. Dies führt zu einem verantwortungsvollen Umgang mit sich selbst und der Gemeinschaft.
- Je nachdem, welche Gegenstände poliert werden sollen, wird das ästhetische Empfinden angesprochen und bringt die Kinder in Kontakt mit vielen schönen Dingen aus der Vergangenheit oder auch besonderen Gegenständen, die häufig auch in Märchen vorkommen.

Pflege der Umgebung

Blumenpflege – Blumen schneiden und arrangieren

Kinder lieben es, auf der Wiese, in Gärten und überall Blumen zu pflücken, um sie einer geliebten Person (z.B. der Lehrkraft) zu schenken. Somit sammeln sich schnell die unterschiedlichsten Blumen und Zweige aller Größen und Längen in einem Kübel oder einer großen Vase.

Damit ist bereits die Aufforderung enthalten, den Kindern eine Darbietung im Schneiden und Arrangieren von Blumen zu geben: Hierfür steht im Regal ein großes Tablett mit verschiedenen Vasen, einem Krug mit Wasser, einer Schale mit Wasser, einer speziellen Blumenschere und genügend Blumenpapier.

Das Tablett wird zu einem ausgerollten Teppich geholt oder auf einen Tisch gestellt.

Auf einer abwaschbaren Unterlage werden die einzelnen Gegenstände platziert.

Die Lehrkraft wählt eine Vase aus, bringt diese auf die Mitte der Unterlage und füllt aus dem Wasserkrug genügend Wasser hinein.

Aus dem großen Strauß wählt sie einen Zweig und hält diesen neben die Vase, um zu sehen in welcher Länge sie den Zweig passend für die Vase kürzen muss.

Mit der Blumenschere schneidet sie im Wasser der Schale den Zweig zu und schätzt dabei immer wieder die für die Vase notwendige Länge ab.

Nun wird der Zweig in die Vase gestellt.

In der gleichen Weise wird mit allen anderen Zweigen und Blumen verfahren, bis ein Blumenarrangement entstanden ist, das dem persönlichen Schönheitsempfinden entspricht.

Mit dem Blumenpapier wird die Schere gesäubert.

Pflege der Umgebung

Die Stängelabfälle werden aus der Wasserschale genommen und im Blumenpapier eingewickelt, um sie auf dem Kompost zu entsorgen.

Für das Blumenarrangement wird nun ein passender Platz im Raum gesucht.

Folgende themenbezogene Schwerpunkte aus dem BEP sind hier hervorzuheben:

- Mathematisches Verständnis ist gefordert, wenn das Kind eine bestimmte Vase wählt und damit die Menge der Blumen vorgegeben ist, die in die Vase passt. Oder es hat ein bestimmtes Bild von einem Blumenstrauß im Kopf, zu dem es dann die entsprechende Vase aussuchen muss.
- Beim Eingießen in die Vase muss die Wassermenge abgeschätzt werden.
- Durch das Abmessen der Blumen werden Länge der Stängel und Höhe des Gefäßes in Beziehung gebracht.
- Im Hinblick auf die ästhetische Erziehung erfährt das Kind die Relativität von Schönheit: Der große Blumenstrauß im Kübel hat seine eigene Schönheit. Von dieser gibt er jedes Mal ein bisschen ab an eine neue Schönheit in Form von vielen kleinen Blumensträußen. Sind zum Schluss nur noch ein oder zwei Zweige übrig, verlangen diese ihr eigenes Blumenarrangement. Auch sie werden aus dem Kübel genommen und in eine für sie passende schmale Vase gestellt.
- Das zuvor genannte Prinzip lässt auch Querverbindungen zur Religion entstehen: Ein Blumenstrauß kann einen Menschen glücklich machen, werden daraus viele kleine Blumensträuße, so erfreuen sie viele Menschen. (Siehe die Geschichte vom Brotwunder, wo Jesus das Brot bricht und verteilen lässt!)
- Mit dem Fokus auf das Anschneiden der Blume in der Wasserschale wird das Interesse geweckt für ein wichtiges kosmisches Phänomen: Bei jedem Schnitt kann die Blume sofort wieder Wasser aufsaugen, damit die Blüte anschließend in der Vase länger ihre Schönheit und Kraft behalten kann.
- Durch dieses Ritual wird es in der Gemeinschaft zu einer Selbstverständlichkeit, für die Schönheit im Raum Sorge zu tragen.

Zum Abschluss des Kapitels **Übungen des praktischen Lebens** möchten wir noch auf einen wichtigen Gesichtspunkt der Montessoripädagogik aufmerksam machen, von dem wir meinen, dass dieser gerade in der heutigen Zeit von größter Bedeutung ist: **die Stille.**

In dem Buch „Die Entdeckung des Kindes" äußert sich Maria Montessori folgendermaßen dazu:

„In den gewöhnlichen Schulen glaubt man immer, Stille ließe sich durch einen Befehl erzielen. Dabei dachte man jedoch über den Sinn dieses Wortes nicht nach und wusste nicht, dass man „Unbeweglichkeit", ja fast die Einstellung des Lebens für diesen Augenblick verlangte, indem die Stille erreicht war. Stille ist die Einstellung jeder Bewegung und nicht, wie man gewöhnlich in den Schulen meinte, die Einstellung von „Geräuschen, die über das normale, im Raum geduldete Geräusch, hinausgehen". „Stille" bedeutet in den gewöhnlichen Schulen das „Aufhören des Lärms", das Anhalten einer Reaktion, das Unterdrücken von Unarten und Unordnung."[9]

Im weiteren Abschnitt dieses Buches berichtet Maria Montessori von einem besonderen Ereignis in ihrem Kinderhaus: Sie hält einen vier Monate alten Säugling in den Armen und kommt damit zu den Kindern, die alle sofort angerannt kommen. Beeindruckt von der Unbeweglichkeit des Kleinen und der von ihm ausgehenden Stille werden die Kinder sofort aufmerksam und schränken damit von alleine ihre spontanen Bewegungen ein. Sie fühlen sich aufgefordert, selbst dieses Phänomen weiter zu erforschen, indem sie ihre Bewegungen und Geräusche immer bewusster wahrnehmen und damit noch mehr unter ihre eigene Kontrolle bringen.

Damit kann ein Säugling zu einem wahren Lehrmeister für Kinder und Erwachsene bezüglich der echten Stille werden.

Ein weiteres Beispiel, das sie in diesem Zusammenhang erwähnt, haben wir in unserer Praxis immer wieder erlebt und möchten dieses hier kurz beschreiben:

Am Ende des Vormittags versammeln sich die Kinder im Kreis, sitzen an ihren Tischen oder liegen bequem auf einem Teppich am Boden, wer möchte kann die Augen dabei schließen. Dabei werden alle still. Die Lehrkraft oder ein auserwähltes Kind „ruft" aus einer größeren Entfernung den Namen eines Kindes oder geht zu ihm hin und berührt es. Damit weiß dieses Kind, dass es leise den Raum verlassen kann.

Dabei war es für uns immer wieder erstaunlich, wie jedes Kind in Ruhe den Zeitpunkt abwarten konnte, bis es an der Reihe war. Diese intensive Erfahrung der Stille hat die Kinder so tief beeindruckt, dass sie sogar vor der geschlossenen Tür stehen blieben, um zu lauschen, ob sie den im Raum gerufenen Namen auch noch draußen hören konnten.

„In der Tat hatten wir uns von der Welt isoliert und einige Minuten miteinander vereint verbracht: Ich damit, sie herbeizuwünschen und aufzurufen, und sie damit, in tiefster Stille die Stimme zu hören, die sich persönlich an einen jeden von ihnen wandte und ihn in diesem Augenblick als den „Besten" von allen ansah."[10]

Vertieft sich das Kind mit Hingabe in eine Tätigkeit, was Maria Montessori die „Polarisation der Aufmerksamkeit" genannt hat, entsteht eine schöpferische Stille ganz besonderer Art. Hier ist es von Wichtigkeit, dass der Erwachsene selbst still und nur respektvoller Beobachter bleibt.

---

[9] Maria Montessori: Die Entdeckung des Kindes, Herder-Verlag Freiburg S. 154–158
[10] Maria Montessori: Die Entdeckung des Kindes, Herder-Verlag, Freiburg S. 154–158

Sinnesschulung

Bedeutung der Sinnesschulung

Gerade in der heutigen – sehr virtuellen – Zeit ist größter Wert zu legen auf die Entfaltung der Sinne. Zunächst sollten diese beim Kleinkind im Zuge der motorischen und sprachlichen Entwicklung so intensiv als möglich in der unmittelbaren Umgebung zu Hause wie auch in der freien Natur auf unterschiedlichste Weise erfahren werden.

Leider ist zu beobachten, dass bereits hier die natürliche Entwicklung eines Kleinkindes durch Überbehütung und zu große Angst seitens der Erwachsenen, sowie durch übermäßige Sicherheitsvorkehrungen und übertriebene Reinlichkeitserziehung beeinträchtigt wird. Somit sollten in der Institution des Kindergartens genügend geeignete Angebote zur Verfügung stehen, vor allem im Außenbereich. *(Siehe das Kapitel über den kinestetischen Sinn!)*

Die im Folgenden beschriebenen Aktivitäten zum Wecken und Bewusstwerden der Sinne sind bereits auf einer höheren Abstraktionsstufe angesiedelt, wodurch das Kind die schon spontan gemachten Sinneserfahrungen isoliert wahrnehmen kann. Damit gelangt es zu einer weiteren Verständnisstruktur, die sowohl seine Bewegungskoordination, als auch sein mathematisches, sprachliches und kosmisches Wissen erweitert. Maria Montessori spricht hier von dem Material als **„Schlüssel zur Welt"**.

Die am Material gewonnenen Erkenntnisse und Einsichten werden vom Kind in seiner Umwelt erprobt und angewandt. Damit entfaltet, ordnet und konzentriert das Kind seine geistig-seelischen Kräfte, was Maria Montessori als „Normalisierung" bezeichnet. Das Kind wird freier und unabhängiger.

Grundvoraussetzung für eine optimale Weiterentwicklung des Kindes mit Hilfe dieser Aktivitäten ist vor allem die **freie Wahl** des Materials und die selbstständige, aktive Auseinandersetzung damit. Diese Selbsttätigkeit, das Auswählen von Material und die Entwicklung von eigenen, unterschiedlichen Arbeitsweisen fordern und fördern die geistige Tätigkeit der Kinder. Sie lernen planen, vorbereiten, einteilen, überschauen, aufeinander abstimmen, Absprachen treffen, mit anderen gemeinsam arbeiten usw.

Die Lehrkraft gibt eine **Darbietung** des möglichen Umgangs mit dem Material als Angebot für eine Gruppe von Kindern oder auch auf den Wunsch eines einzelnen Kindes.

Häufig haben die Kinder bereits vorher ihre eigenen Erfahrungen im Spiel mit dem Material gemacht und sind bei der Darbietung oft verblüfft, dass sie bereits zu der gleichen Erkenntnis gekommen waren. Oder sie erkennen neue andere Möglichkeiten im Gebrauch des Materials.

„Das Kind müsste alles, was es lernt, lieben, weil seine geistige und seine gefühlsmäßige Entwicklung miteinander verbunden sind. Alles, was man ihm darbietet, muss schön und hell sein, dass es seine Phantasie anstößt. Ist diese Liebe einmal entzündet, lösen sich alle Probleme für den Lehrer auf. Der große italienische Dichter Dante hat gesagt: „La somma sapienza e il primo amore", das bedeutet: die höchste Weisheit ist, zuerst zu lieben. Zur Sublimierung der Seele muss der Mensch diesen vollkommenen Zustand der Liebe erreichen, den man „Geistige Liebe" genannt hat, um sie von der persönlichen zu unterscheiden."[1]

Es ist empfehlenswert, das Material mit dem Kind oder den Kindern vom Regal zu holen und an den jeweiligen Arbeitsplatz zu bringen, damit das Kind den Platz des Materials kennt und es nach Gebrauch wieder dorthin bringen kann. (Orientierungshilfe und Sozialkompetenz!)

Wie bereits bei den Übungen des täglichen Lebens erwähnt, ist auch hier bei den Darbietungen der persönliche Kontakt und die entspannte Atmosphäre von großer Bedeutung.

---

[1] Maria Montessori: Kosmische Erziehung, Herder-Verlag, Freiburg 2005

Auch Jesper Juul sieht interpersonelle Vorgänge als das wichtigste Fundament für die pädagogische Arbeit an: Erwachsene entwickeln Beziehungskompetenz in der Interaktion mit den Kindern. Kinder entwickeln soziale Kompetenz, indem man ihnen Raum und Zeit gibt, zu kooperieren, Rücksicht zu nehmen und Freundschaften zu schließen.

„Relevante Führung bedeutet in diesem Kontext, dass eingeplant werden muss, dass Kinder einen gleichwertigen Dialog mit den Erwachsenen brauchen, um sich selbst zu finden ... Schließlich erfordert es Erwachsene, die sich selbst durch persönliche Autorität abgrenzen können und den Willen haben, vom Gegenspiel der Kinder zu lernen ... Die Entwicklung der persönlichen Verantwortlichkeit ist die fruchtbarste Alternative zu Unterdrückung und Erniedrigung, eine wesentliche Qualität in Beziehung und der zuverlässige Garant für verantwortungsbewusste Gemeinschaften."[2]

Genau diese Erfahrungen machen wir immer wieder, besonders bei den Darbietungen. Es ergibt sich daraus im Laufe der Zeit genau die Haltung der Lehrkraft zum Kind, von der Montessori sagt, dass es die Haltung der Liebe sein muss.

Bevor wir zu den verschiedenen Aktivitäten mit den unterschiedlichsten Sinnesmaterialien kommen, müssen noch zwei wichtige Lernprinzipien erläutert werden: die **Dreistufenlektion** und das **Entfernungsspiel**.

In der **Dreistufenlektion** sind die klassischen Lernschritte enthalten, die das Kind vom Kennenlernen eines neuen Lerngegenstandes bis hin zum Verinnerlichen führen. Sie wird meistens angewandt bei der Namensgebung zu bestimmten Gegenständen oder deren Eigenschaften.

In der **1. Stufe** stellt die Lehrkraft die Beziehung zwischen Gegenstand und Namen her, indem sie auf den Gegenstand deutet und diesen benennt: „Das ist ..." Damit werden Sache, Begriff und Benennung fest miteinander verknüpft.

Bei der **2. Stufe** handelt es sich um die Phase der Festigung bzw. Kontemplation. Diese Phase nimmt, je nach Entwicklungsstand des Kindes, unterschiedliche Zeiträume in Anspruch. Die Lehrkraft benennt hier immer wieder den Begriff – verbunden mit unterschiedlichen Aufträgen. Dabei berücksichtigt sie den starken Bewegungsdrang der Kinder und die besondere Arbeit des **Muskelgedächtnisses**. Die Aufträge können hier lauten: „Gib mir ..., hole mir ..., bringe mir ..., lege ... dorthin!" usw.

In der **3. Stufe** zeigt die Lehrkraft einen Gegenstand und fragt nach dessen Namen oder Eigenschaft. Der passive Wortschatz wird so zum aktiven. Diese Stufe hat die Bedeutung eines „Tests". Die Fragen der Lehrkraft könnten lauten: „Was ist das?" „Wie heißt das?" „Wie ist das?"

Beim **Entfernungsspiel** steht auch das **Muskelgedächtnis** im Mittelpunkt, da hierbei der Fokus auf dem Memorieren liegt, d.h. es handelt sich um Gedächtnisübungen, die wichtige Grundlagen für spätere Lernfähigkeiten bilden, wie z.B. Einmaleins oder Rechtschreiben.

Beispiel: Die Lehrkraft zeigt den Kindern verschiedene Karten vom Kartensatz zur geometrischen Kommode und bittet sie, sich die Abbildungen genau anzuschauen und zu merken. Die Kinder lassen nun die Karte auf ihrem Platz und suchen im Zimmer den entsprechenden Einsatz von der geometrischen Kommode, die die Lehrkraft zuvor an verschiedenen Stellen verteilt hat.

Auf einer weiteren Abstraktionsstufe lässt man die Kinder einen beliebigen Gegenstand suchen, der jedoch die gleiche Form hat wie die Abbildung auf der Karte.

---

[2] Jesper Juul: Vom Gehorsam zur Verantwortung, Beltz-Verlag, Weinheim, S. 68, 91 f

Erfahrung mit Dimensionen

Einsatzzylinder und knopflose, farbige Zylinder

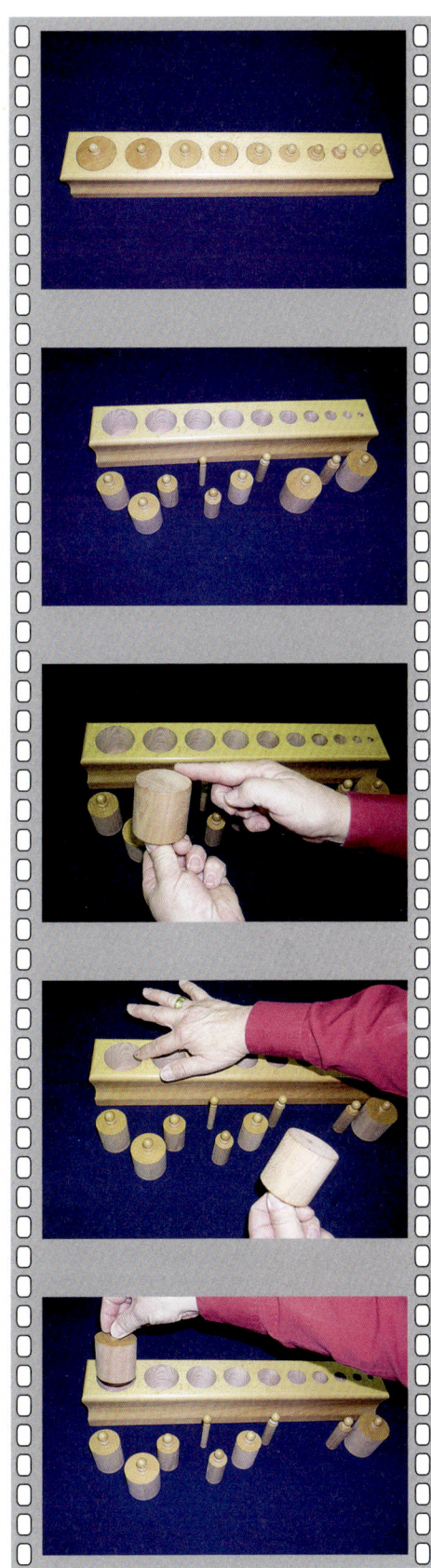

Der **erste Zylinderblock** wird mit den Kindern vom Regal zum Arbeitsteppich gebracht. Im Draufschauen ist zu erkennen, dass es sich um 10 Einsätze mit unterschiedlichem Durchmesser handelt. Mit den „Schreibfingern" und dem sog. Pinzettengriff werden nun die einzelnen Zylinder herausgenommen. Dabei ist unterschiedliches Gewicht zu spüren.

Die 10 Zylinder werden gemischt vor den Zylinderblock gestellt, wobei automatisch das Zehnersystem unserer Mathematik erfahren wird.

Durch das Abtasten der Zylinder, als auch der Vertiefungen im Zylinderblock, werden die Kreisumfänge auf unterschiedliche Weise sinnlich erfasst.

Danach wird der entsprechende Zylinder in die passende Vertiefung gesetzt.

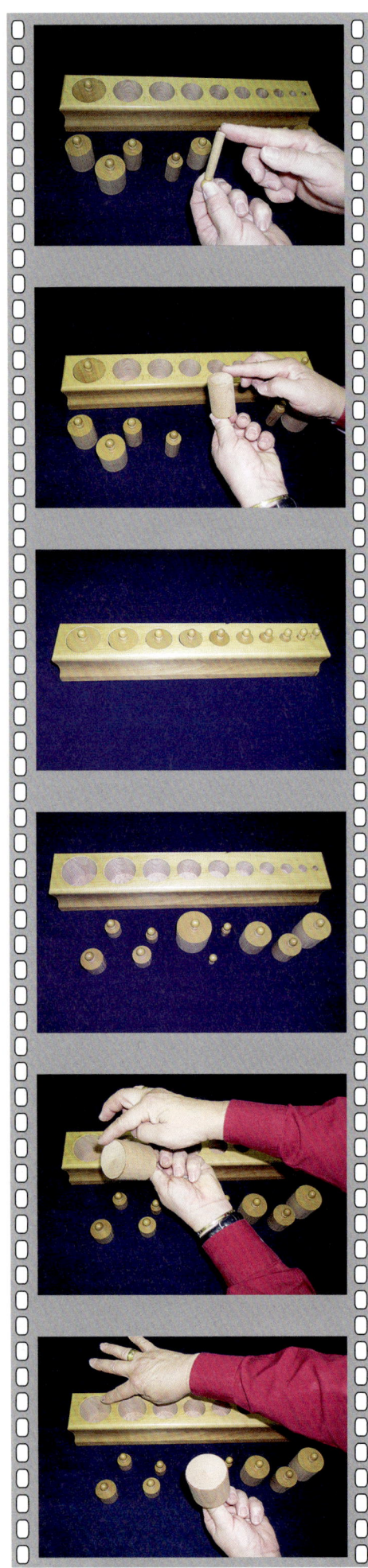

In der gleichen Weise wird mit allen Zylindern verfahren, wobei darauf zu achten ist, dass nicht in aufsteigender oder absteigender Reihenfolge gearbeitet wird, sondern immer die am stärksten kontrastierenden Zylinder genommen werden.

Beim **zweiten Zylinderblock** erscheint beim Draufschauen das gleiche Bild wie beim Ersten, nämlich 10 Einsätze mit unterschiedlichem Durchmesser.

Nachdem die Zylinder herausgenommen sind, ist zu erkennen, dass sie nun aber unterschiedliche Höhe besitzen. Der „barische Sinn" (Gewichtssinn) hat dem Kind beim Herausnehmen auch diesbezügliche Informationen gegeben.

Vor dem Einsetzen in den Zylinderblock wird durch das Abtasten sowohl der unterschiedliche Durchmesser, als auch die unterschiedliche Höhe erfahren.

Erfahrung mit Dimensionen

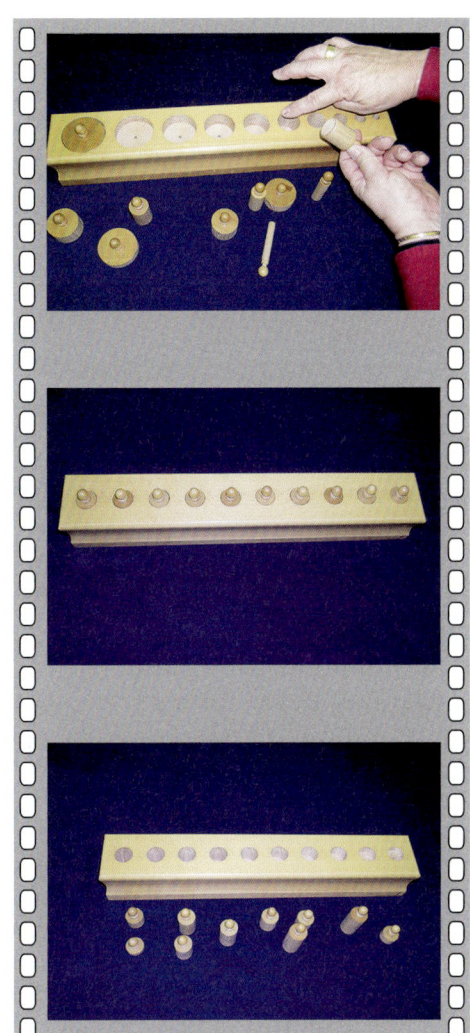

Der **dritte Zylinderblock** wird in der gleichen Weise erfahren, wie die ersten beiden, nur dass hier der Höhenunterschied der Zylinder genau gegenläufig ist.

Beim **vierten Zylinderblock** kann beim Draufschauen sofort ein wesentlicher Unterschied zu den bisherigen erfahren werden: Alle Zylinder haben den gleichen Durchmesser!

Nach dem Herausnehmen ist zu erkennen, dass die 10 Zylinder unterschiedliche Höhe besitzen.

Je nach Entwicklungsstand der Kinder können mit Hilfe der Dreistufenlektion nun auch unterschiedliche Eigenschaften der Zylinder benannt werden: groß – klein, dick – dünn, hoch – niedrig, schmal – breit, Steigerungsformen wie klein, kleiner, am kleinsten u.a. Die Kinder arbeiten nun auf unterschiedlichste Weise mit den Zylinderblöcken, manchmal mit jedem einzelnen Block unterschiedlich lang.

 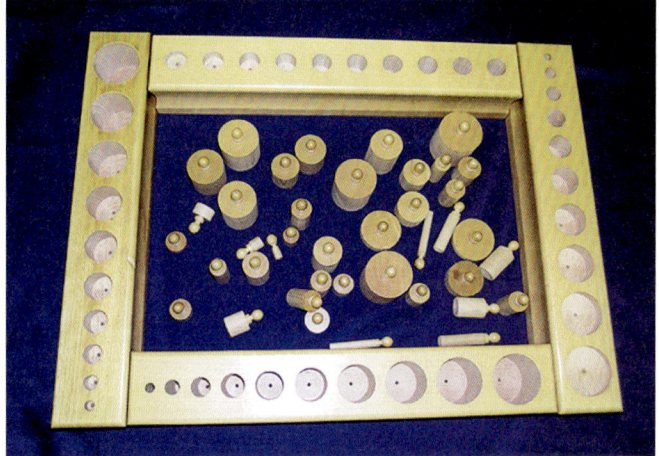

Sehr beliebt ist das „blinde" Ertasten aller 40 Zylinder, wobei 4 Kinder um den mit Blöcken gestellten Rahmen sitzen. Mit den Fingern einer Hand spüren sie die Vertiefung im Block, während die Finger der anderen Hand den entsprechenden Zylinder aus der Mitte ertasten. Für das Auge der ZuschauerInnen erscheinen während dieses Spielvorgangs die unterschiedlichsten Bilder innerhalb des Rahmens, was die ästhetische, bildnerische Wahrnehmung in hohem Maße anregt.

Die knopflosen, farbigen Zylinder haben die gleichen Größenverhältnisse wie die Einsatzzylinderblöcke.

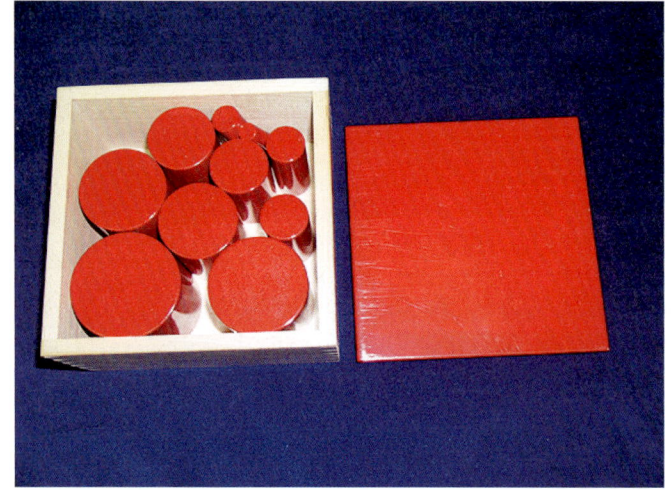
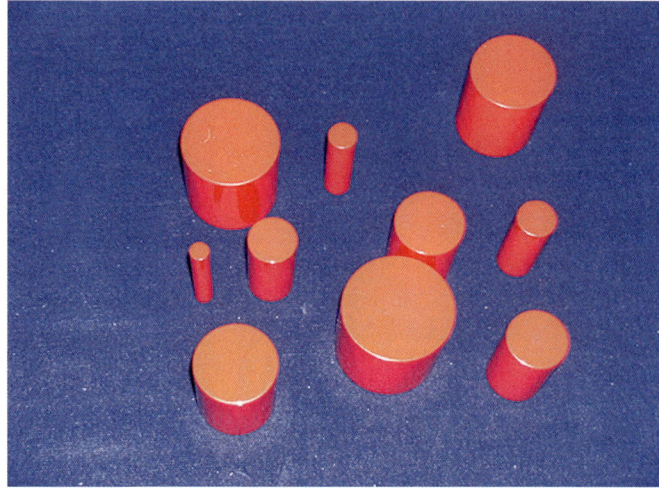

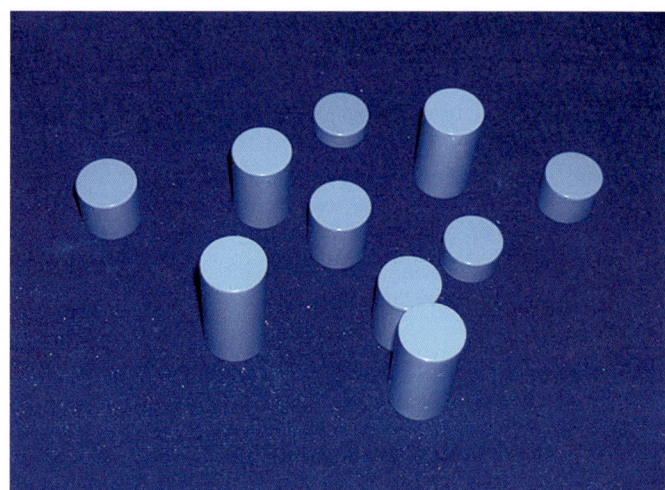

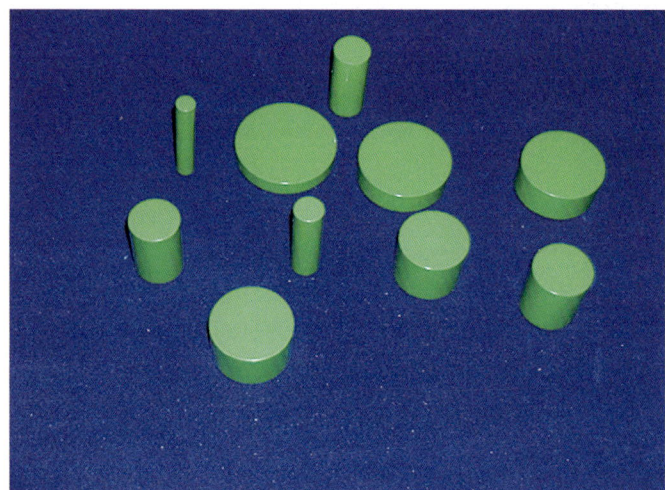

Erfahrung mit Dimensionen

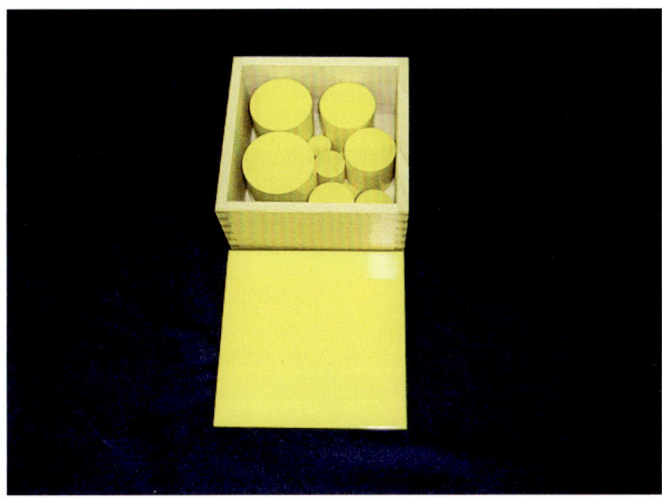
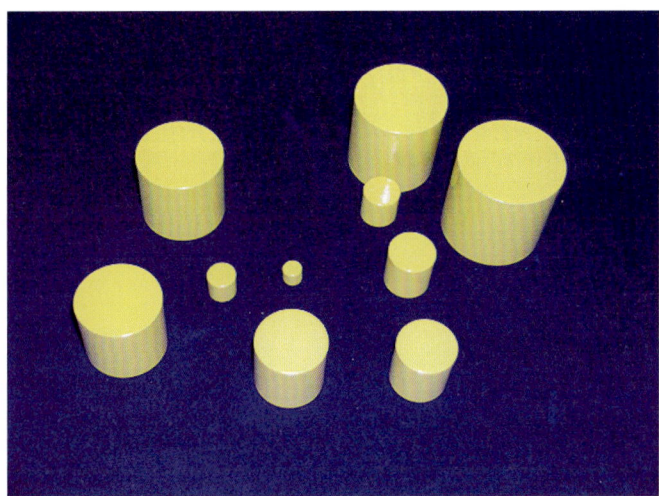

Auf einer weiteren Abstraktionsstufe ist das Kind hier herausgefordert, diese selbstständig in eine Reihung zu bringen.

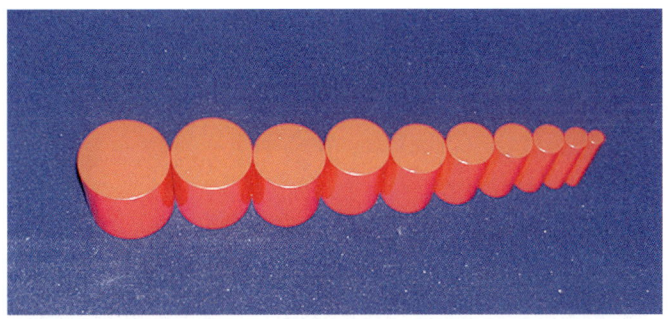
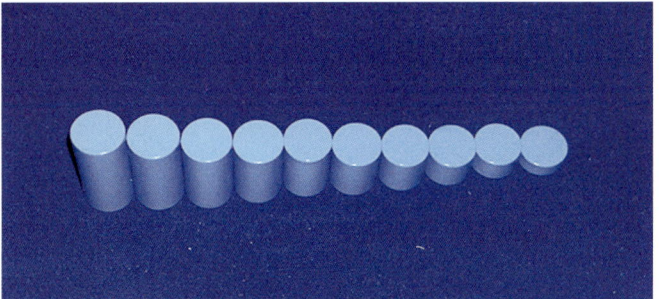
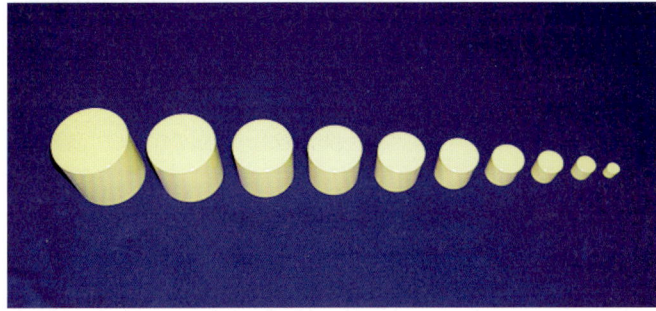
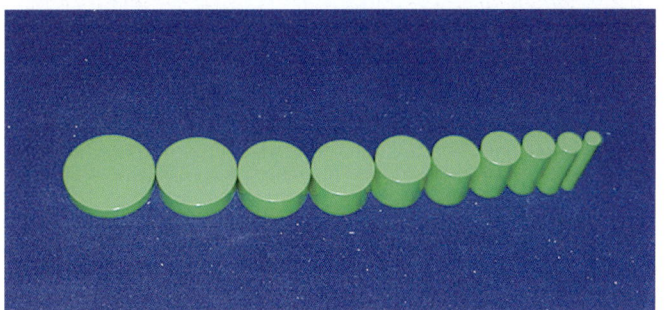

Bei der Arbeit der Kinder ist häufig zu beobachten, dass sie die Zylinder zu Türmen reihen.

Sollte sich das Kind in der „Reihung" noch nicht sicher fühlen, so benutzt es die Einsatzzylinderblöcke zur Unterstützung und hat große Freude daran, den Block umzudrehen, um damit die farbigen Zylinder in Reih und Glied vor sich stehen zu sehen.

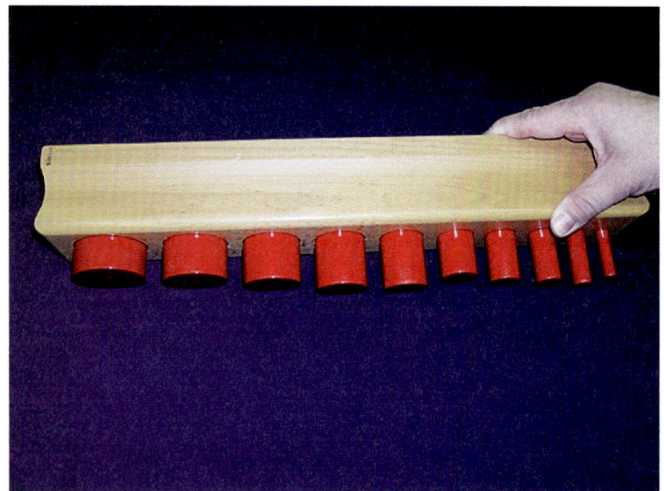
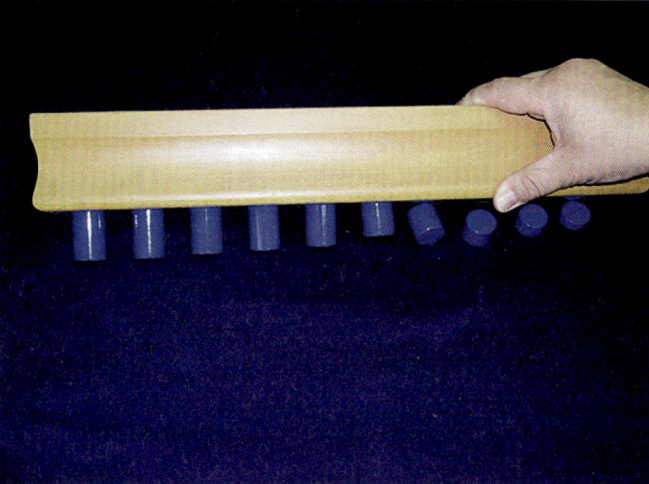
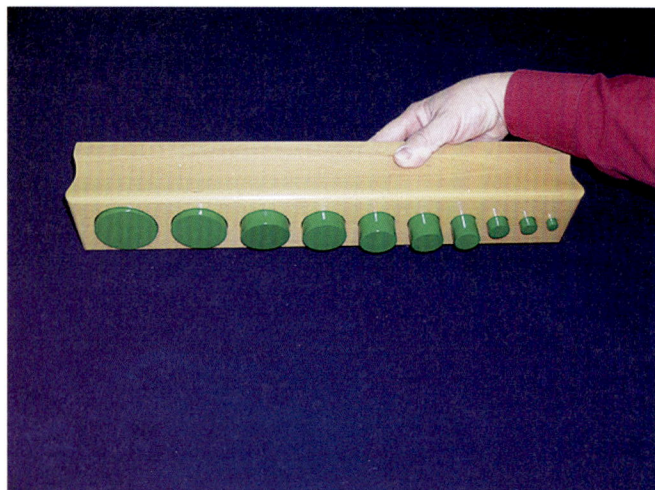
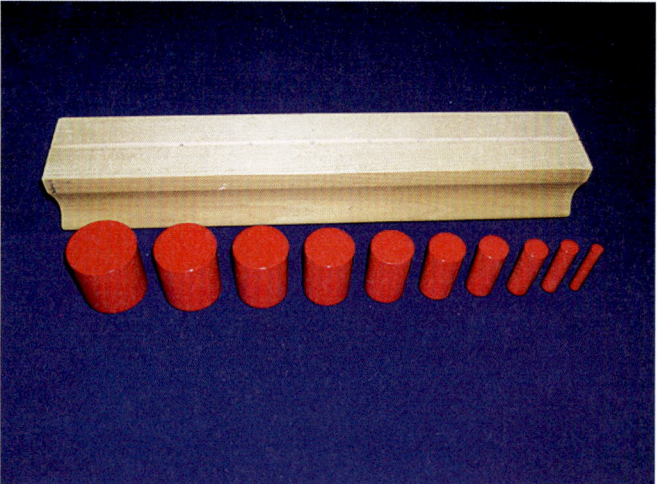

Für die Wortschatzbereicherung können hier mit Hilfe der Dreistufenlektion noch einmal die Begriffe von den Einsatzzylindern vertieft und durch die Farbennamen erweitert werden.

Erfahrung mit Dimensionen

Rosa Turm

Die Lehrkraft holt alleine oder mit der Unterstützung der Kinder die einzelnen Kuben von dem auf einem Hocker oder dem Regal stehenden rosa Turm und bringt diese auf einen bereits ausgerollten Arbeitsteppich.

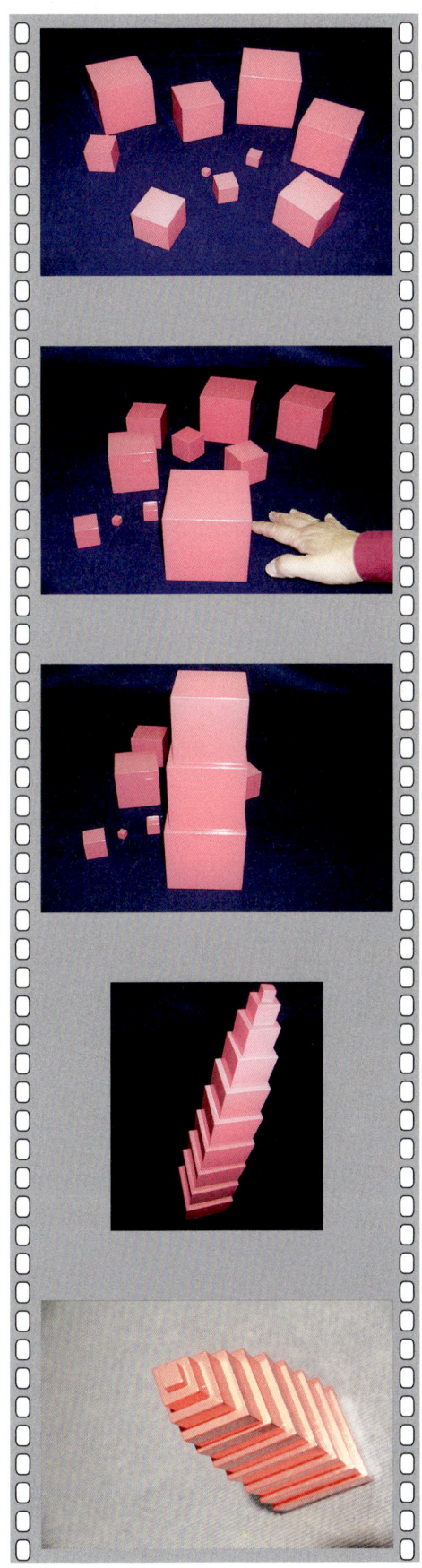

Das Auflegen des einzelnen Kubus auf die Hand ruft den „barischen Sinn" wach und lässt mit dem Auge bewusst den Größenunterschied wahrnehmen.

Auf dem Teppich sind nun mit einem Blick 10 verschieden große Kuben in unterschiedlicher Anordnung zu erkennen.

Hieraus wählt die Lehrkraft den größten Kubus aus und setzt diesen auf die Mitte des Teppichs.

Nun wird der jeweils nächstkleinere Kubus ausgewählt und auf den bereits in der Mitte liegenden gesetzt. Hierbei ist oft zu beobachten, wie manche Kinder genau mitverfolgen, welcher als nächster genommen werden muss. Manchmal passiert es auch, dass sie mitzählen.

Zum Schluss sitzen alle Kuben der Größe nach zentriert aufeinander. Die Lehrkraft schreitet um den Turm herum, um das Werk von allen Seiten lautlos zu bewundern.

Von oben betrachtet sieht dies einem Tempel gleich.

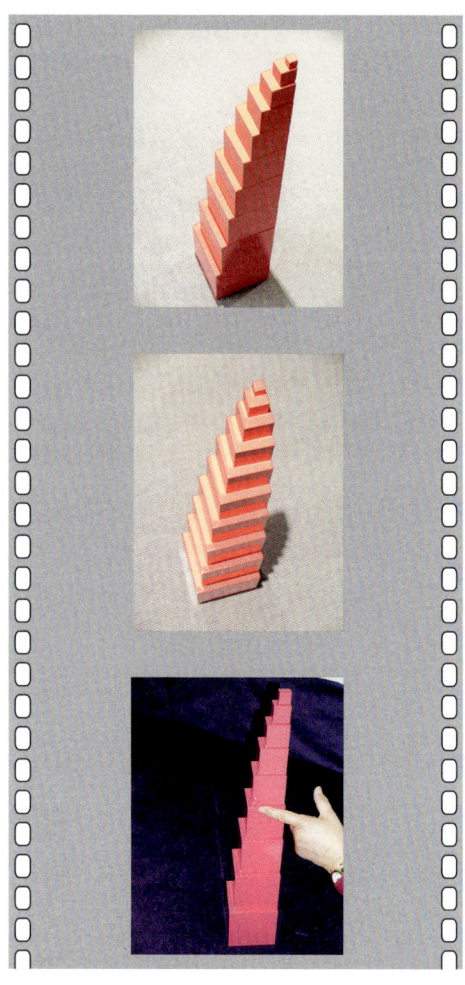

Im nächsten Schritt werden die 10 Kuben im rechten Winkel bündig zusammen geschoben, und die Lehrkraft streichelt vorsichtig mit beiden Händen an den zwei glatten Turmseiten entlang.

Die Lehrkraft wandert mit dem kleinsten Würfel an den Stufen des Turmes an der einen Seite nach unten und wieder auf der anderen Seite nach oben zu seinem Platz zurück.

Nun wird der Turm Kubus für Kubus wieder abgebaut und die einzelnen Teile werden ungeordnet auf den Teppich zurückgelegt. Beim Aufräumen passiert es häufig, dass Kinder jeweils einen Kubus ergreifen, damit zum Regal gehen, um miteinander den rosa Turm an „seinem" Platz wieder aufzubauen.

In der Dreistufenlektion bieten sich beim rosa Turm ebenfalls die Steigerungsformen an, verbunden mit der „Relativitätstheorie". Auf dem Teppich liegen alle 10 Kuben. Die Lehrkraft sagt: „Gib mir den größten Kubus!" Nun liegen nur noch neun Kuben auf dem Teppich. Wieder sagt die Lehrkraft: „Gib mir den größten Kubus!" Das Ganze wird in der gleichen Weise fortgesetzt, bis zum Schluss der kleinste Kubus alleine auf dem Teppich liegt und damit der Auftrag wiederum lauten kann: „Gib mir den größten Kubus!"

Dieses Spiel erfreut die Kinder in der Regel sehr, weil sie damit erfahren, dass – genauso wie bei den einzelnen Kuben jeder der Größte sein kann, obwohl sie offensichtlich unterschiedlich aussehen – das Gleiche auch auf sie persönlich zutreffen muss.

Sehr beliebt bei den Kindern ist die Kombination mit den 1000 Einkubikzentimeter-Würfelchen. Hierbei versuchen sie, die Größe der entsprechenden rosa Kuben nachzubauen. Sie sind erstaunt, aus wie vielen kleinen Würfelchen ein rosa Kubus besteht und stoßen beim Zählen häufig an ihre Grenzen.

(Weitere Spielmöglichkeit – siehe „Dekanomisches Quadrat"!)

Braune Treppe

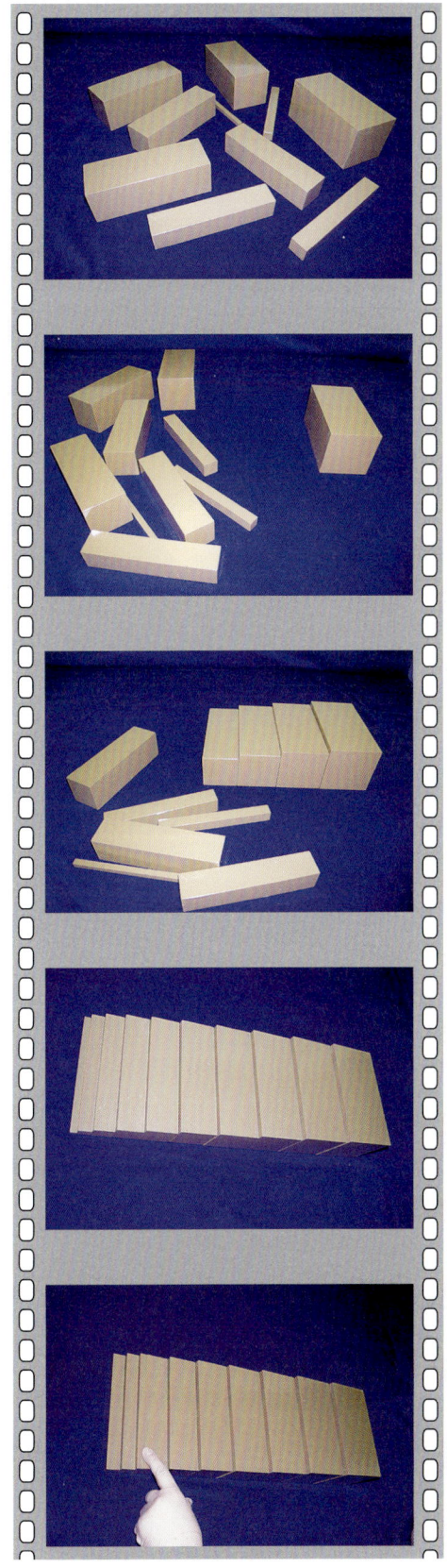

In der gleichen Weise wie beim rosa Turm wird die braune Treppe vom Regal zu einem ausgerollten Teppich geholt, dort werden die verschieden großen Quader ungeordnet abgelegt.

Die Lehrkraft wählt den größten Quader aus und legt diesen an einen Rand des Teppichs.

Der Größe nach werden die restlichen Quader angelegt, bis zum Schluss eine „Treppe" zu sehen ist – mit unterschiedlich breiten Stufen, während die Länge der Quader gleich bleibt.

Mit dem dünnsten Quader, der dem Unterschied der Stufenhöhen entspricht, wandert die Lehrkraft Stufe für Stufe nach oben, um zu sehen, ob alle Stufen gleich hoch sind.

Gemeinsam mit den Kindern wird das Material wieder zum Regal zurückgebracht.

Eine beliebte Spielmöglichkeit bietet die Kombination der braunen Treppe mit den knopflosen, farbigen Zylindern an. Der Reihe nach lassen die Kinder die Zylinder aus den vier verschiedenen Kistchen über die braune Treppe rollen. Sie genießen die unterschiedlichsten Klänge, die hierbei entstehen und bringen diese mit dem Holzvolumen in Verbindung. Außerdem können sie beobachten, wie verschieden große und damit auch verschieden schwere Zylinder beim Rollen auf dem Teppich unterschiedlich lange Strecken zurücklegen.

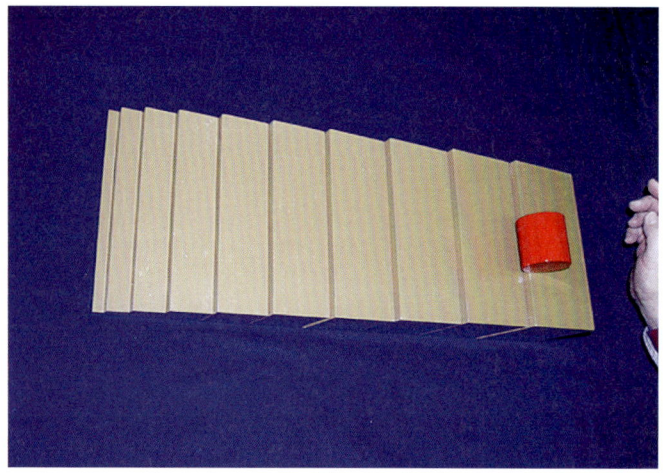
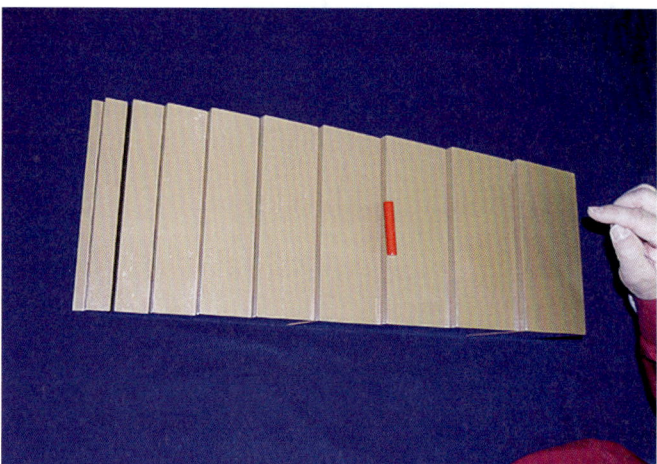
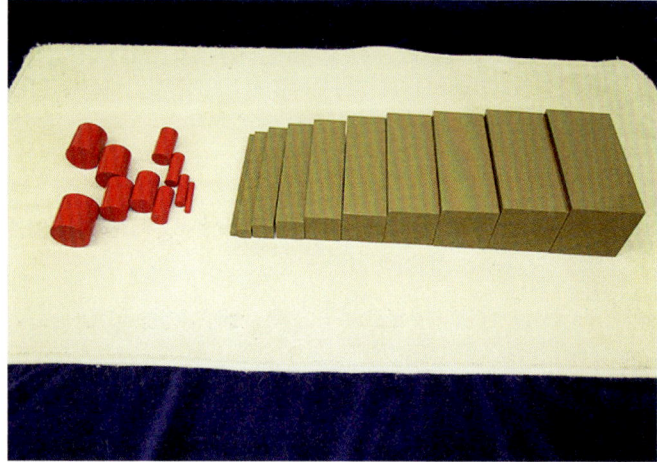

Erfahrung mit Dimensionen

Rote Stangen

Die roten Stangen liegen geordnet auf einem Regal und werden nun einzeln – mit der kleinsten beginnend – zu einem ausgerollten Teppich gebracht und dort ungeordnet hingelegt.

Die Lehrkraft legt nun die kleinste Stange aus.

Durch Vergleichen wird die nächst längere Stange ausgewählt und angelegt.

Zum Schluss liegen 10 Stangen der Größe nach geordnet auf dem Teppich.

Mit der kürzesten Stange wird überprüft, ob die Abstände von Stange zu Stange gleich groß sind.

Mit der Dreistufenlektion können hier die Begriffe „lang – kurz" bzw. die „Relativitätstheorie" erfahren werden. Für viele Kinder sind diese Stangen bereits eine Herausforderung, sie mit den Ziffern von 1–10 zu benennen.

Gemeinsam mit den Kindern wird das Material wieder zum Regal zurückgebracht.

Im Spiel ergreifen die Kinder oft jeweils eine Stange und tun so, als ob sie schießen wollten. Dabei ist die Haltung und Begleitung des Erwachsenen von großer Bedeutung. Er darf sich nicht „angegriffen" fühlen, sondern muss es als Spiel erkennen, das bestimmte Grenzen erforderlich macht, die er im gemeinsamen Gespräch verdeutlicht.

Im Raum entsteht eine besondere Erfahrung mit den unterschiedlichen Längen, die automatisch vom Kind eine bestimmte Haltung erfordert.

Der Längenvergleich wird plötzlich ein anderer, und zum Schluss „siegt" die Ordnung.

Mit den roten Stangen lassen sich die unterschiedlichsten Figuren legen, auf denen die Kinder anschließend sogar balancieren können.

Besonders beliebt ist auch die Kombination von rosa Turm, brauner Treppe, roten Stangen und Einsatzzylindern.

Folgende themenbezogene Schwerpunkte aus dem BEP sind hier hervorzuheben:

- Erfahrungen von Raum-Lage-Beziehungen jedweder Art unterstützen mit allen Sinnen die mathematische Bildung. Dazu kommen weitere mathematische Erkenntnisse wie: das Dezimalsystem, Größenvergleiche, Geometrie, Gewicht, Längenmaße, Volumen
- Bei allen Aktivitäten ist das Kind mit seinem ganzen Körper beteiligt, lernt dabei, diesen in unterschiedlichen Haltungen einzusetzen und in der Gemeinschaft verantwortungsvoll damit umzugehen. Gleichzeitig regt es mit den filigransten Hantierungen seinen Geist an.
- Sprachliche Bildung wird in hohem Maße erfahren durch die umfangreiche Begriffsbildung bei der Dreistufenlektion, ebenso wie in vielen Gesprächen und Erkenntnissen anhand der „Relativitätstheorie". Durch Reihung und Serienbildung werden Ordnungen geschaffen für Sprachrhythmus, Satzbau und letztlich für die spätere Aufsatzerziehung.
- Die Struktur dieser Materialien bereitet den kindlichen Geist vor, bestimmte Ordnungssysteme zu erkennen, die in der kosmischen Erziehung immer wieder von Bedeutung sind: Pflanzenreich, Tierreich, Familienstammbaum
- Klarheit und Struktur der Materialien eröffnen den Kindern einen großen Raum, ihr ästhetisches und kreatives Potential auszuschöpfen. Beim Bauen mit diesen Materialien beeindruckt immer wieder, dass die Materialien in ihrer Unterschiedlichkeit sehr gut miteinander harmonieren und exakt zusammenpassen.
- In der intensiven Auseinandersetzung mit diesem stark strukturierten Material gelangt das Kind von einer äußeren Ordnung zur inneren Ordnung. Darüber erfährt das Kind auch eine religiöse Haltung.
- Im Tun baut sich das Kind Bilder, die es aus seiner natürlichen Umgebung „mitgebracht" hat oder umgekehrt, die es nach einem Schlüsselerlebnis in der realen Welt wieder entdeckt.
- Klangerfahrungen durch das Aufeinandertreffen der verschiedenen Holzteile z.B. beim Herunterrollen der Zylinder über die braune Treppe oder beim Abmessen mit der kleinsten roten Stange, indem man diese leicht an die jeweilig liegende Stange antippt.

Erfahrung mit Farben

Farbtäfelchen

Mit dem **ersten Kasten** wird das Kind mit den Grundfarben in Kontakt gebracht.

Die Farbtäfelchen werden ungeordnet auf einen Teppich gelegt und danach in Paaren zusammengebracht.

Wenn das Kind die gleichen Farben erkennt, werden diese mit der Dreistufenlektion benannt.

Als Entfernungsspiel schaut sich das Kind ein Farbtäfelchen genau an, um danach aus dem Raum unterschiedlichste Gegenstände zusammenzusuchen, die auch entweder rot, gelb oder blau sind.

Mit dem **zweiten Kasten** lernt das Kind zusätzlich die Mischfarben als auch schwarz und weiß kennen.

Auch diese Farbtäfelchen werden ungeordnet auf dem Teppich ausgelegt.

Erfahrung mit Farben

Die Täfelchen werden im Kreis angeordnet und danach zu Paaren zusammengebracht.

Aus diesen Paaren werden die drei Grundfarben ausgesucht und sternförmig ausgelegt.

Zwischen die Grundfarben können nun die Mischfarben gelegt werden.

Natürlich bietet sich hier an, dass Kinder diese Farben auch mit Wasserfarben, anderen Farben, Transparentpapier o.ä. mischen.

Als Entfernungsspiel sucht sich das Kind ein Farbtäfelchen heraus, schaut dieses lange genug an, um – mit der Farbe im Gedächtnis – auf die Suche zu gehen nach gleichfarbigen Gegenständen.

Sehr gerne machen die Kinder auch eine Collage in orange oder irgendeiner anderen Farbe, indem sie aus einem Katalog Bilder ausschneiden, in denen diese Farbe vorkommt, und sie dann alles zusammen auf einen großen Papierbogen kleben.

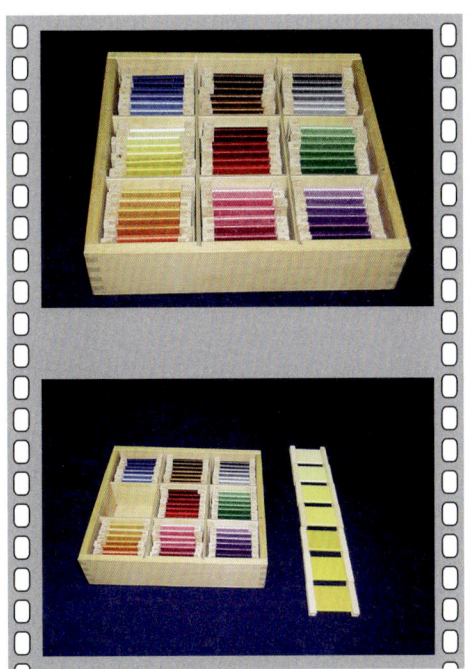

Mit dem **dritten Kasten** erfährt das Kind die Farbabstufungen.

Es kann zunächst eine Farbe herausnehmen und diese von dunkel nach hell (insgesamt jeweils 7 Abstufungen) sortieren.

 In einer weiteren Stufe sortieren die Kinder alle Farben aus dem dritten Kasten und legen diese zu einer „Farbensonne" aus.

Sehr gerne machen die Kinder diese Serie der Farbabstufungen mit Reagenzgläsern in einem Reagenzglasständer, indem sie eine Farbe immer mehr mit Wasser verdünnen, um zu der Abstufung von dunkel nach hell zu gelangen. (Hierzu eignen sich am besten Lebensmittelfarben.)

Folgende themenbezogene Schwerpunkte aus dem BEP sind hier hervorzuheben:
- In der Auseinandersetzung mit den Farben wird das Kind für die Farbenpracht in seiner natürlichen Umgebung sensibilisiert. Vor allem über die Farbabstufungen wird es aufmerksam auf die große Farbenvielfalt in der Natur, z. B.: dass Blätter nicht nur einfach grün sind, sondern die ganze Palette von grün besitzen können, wie sie in Kasten 3 vorhanden ist. Das Gleiche können die Kinder auch mit Blüten, Obst, Gemüse u. a. erfahren.
- Durch Kasten 2 und das eigene Mischen der Farben wird das Interesse geweckt an der Farbenlehre, und an weiteren Themen des Kosmos, wie z. B. die Entstehung eines Regenbogens u.ä.
- Sprachliche Bildung geschieht durch das Benennen der Farben, vor allem bei Kasten 3, der für das Kind eine Herausforderung in der Wortkreation darstellt und das Kind anregt, Begrifflichkeiten aus der Natur heranzuziehen, wie z.B. himmelblau, grasgrün, purpurrot, sonnengelb, kastanienbraun u.a.
- Die breite Palette an Farben gibt dem Kind viele Möglichkeiten, seinen eigenen Farbgestaltungen viel Raum zu geben und damit ein Gespür für Kunst und Malerei zu entwickeln.
- Über die individuelle Auseinandersetzung des Kindes mit Farben kann die Lehrkraft eventuell auch Informationen über die Befindlichkeit des Kindes erhalten.
- Übertragen der Sinneserfahrungen mit den Farbtäfelchen auf das Gestalten von Mustern und Bildern (evtl. auch am Computer)

Erfahrung mit dem Tastsinn

Tasttafeln

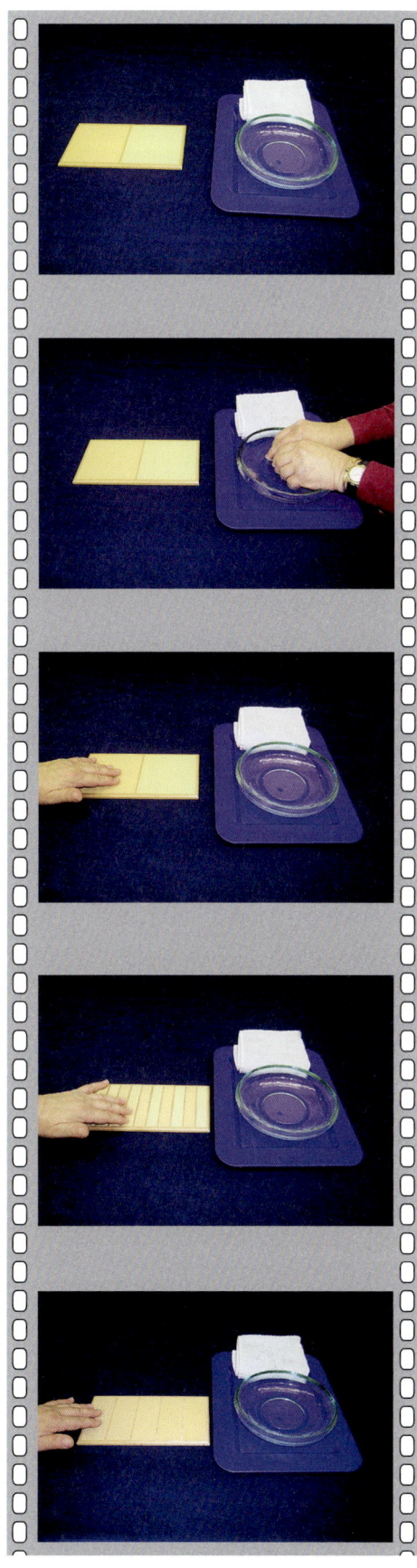

Die Tasttafeln werden vom Regal zu einem ausgerollten Teppich oder einem Tisch geholt.

Dazu wird ein Tablett bereitgestellt mit einer Schale mit warmem Wasser und einem Handtuch.

Zum Sensibilisieren der Fingerspitzen werden diese kurz in das warme Wasser getaucht und anschließend abgetrocknet.

Abwechselnd fahren die Finger beider Hände über die zwei unterschiedlichen Oberflächenstrukturen. Dabei wird die jeweilige Eigenschaft benannt: rau bzw. glatt.

Mit der nächsten Tasttafel wird das gleiche Phänomen (rau und glatt) in mehrfacher Wiederholung erfahren, damit es sich im Gehirn einprägen kann.

Die dritte Tasttafel enthält die Abstufungen von rau bis fein. Zunächst wird der Unterschied lediglich über das Tasten wahrgenommen, um danach den fünf verschiedenen Qualitäten Namen zu geben, z.B. ganz rau, sehr rau, ein bisschen rau, kaum rau, fein. Dabei wird deutlich, wie schwer es manchmal sein kann, „passende" Namen zu finden und die Kinder wollen dann

 genau wissen, wie diese Abstufungen heißen. Dafür müssen Spezialisten für Sandpapier befragt werden, die den Kindern dann zu jeder Qualität eine Nummer nennen, diese Nummern stehen für die Anzahl der Sandkörner auf einer bestimmten Fläche.

Um die Intensität des Tastens zu erhöhen, kann den Kindern angeboten werden, die Augen zu schließen oder mit einem Tuch zu verbinden.

Am Schluss der Darbietung wird mit den Kindern gemeinsam das Material auf seinen Platz im Regal gebracht.

Tastbretter

Die Tastbretter werden mit dem dazugehörigen Kasten und der Tasttafel mit den fünf Feldern abgestufter Rauheit vom Regal zum ausgerollten Teppich oder Tisch gebracht.

Im nächsten Schritt legt die Lehrkraft die Bretter aus und lässt sie vom Kind paarweise zuordnen. Meistens bringen die Kinder sie auch in die Reihenfolge der Abstufungen, was mit der dritten Tasttafel überprüft werden kann.

Nun wird dem Kind angeboten, die Augen zu schließen oder zu verbinden. Die fünf verschiedenen Tastbretter werden in einer Reihe vor das Kind gelegt. Das Kind bekommt den zweiten Satz Tastbretter nacheinander in die Hand gelegt, um deren Struktur zu erfühlen. Danach befühlt es alle Tastbretter in der Reihe, um dort das entsprechende zu finden und zuzuordnen. (Diese Aktivität ist besonders gut geeignet zur Schulung der Merkfähigkeit.)

Mit diesen Tastbrettern können die Kinder auch Memory spielen.

Eine noch größere Herausforderung ist auch hier das Entfernungsspiel: Das Kind ertastet ein Brett mit geschlossenen Augen, lässt dieses auf seinem Platz liegen, um das gleiche Brett an einem anderen Platz wieder zu finden.

Nach diesen Aktivitäten werden die Tastbretter wieder in ihrem Kästchen in das Regal zurückgeräumt.

Empfehlenswert für jeden Kindergarten ist auch ein Tastpfad für die Füße, der aus unterschiedlichen Materialien besteht, die ebenfalls noch einmal an einer Wand angebracht sind. Das Kind lässt sich zuerst zu dem Fußtastpfad führen, um eine Tasterfahrung zu machen. Mit dieser wird es zur Tastwand geführt, um dort die gleiche Tasterfahrung mit den Händen zu machen. Wichtig ist, dass diese Tastpfade flexibel genug sind, um sie immer wieder einmal zu verändern.

Stoffe

Der Kasten mit den Stoffen wird vom Regal zu einem ausgerollten Arbeitsteppich oder einem Tisch geholt.

Nun werden alle zehn Stoffläppchen ausgelegt, genau betrachtet und befühlt. Dabei können auch die jeweiligen Namen der Stoffe genannt werden: Baumwollstoff, Cordsamt, Kunstleder, Denim (Jeansstoff), Chintz, Plüsch, Frottee, Seide, Filz und Tüll.

Im nächsten Schritt bittet die Lehrkraft das Kind, die Augen zu schließen oder zu verbinden.

Es bekommt nacheinander weitere zehn Stoffstücke in die Hand, damit es sie erfühlen und den ausgelegten Stoffen zuordnen kann.

Auch hier bietet sich das Entfernungsspiel an. Die Kinder benennen zudem auch gerne Kleidungsstücke oder ähnliches, die aus dem jeweiligen Stoff hergestellt sind. Dies ist eine besondere Herausforderung an ihre Vorstellungskraft.

Manchmal kleben sie ein entsprechendes Stoffmuster auf einen Papierbogen und suchen aus einem Katalog verschiedenste Bilder, wo dieser Stoff benutzt wurde, um daraus dann eine Collage zu machen.

Das Tastspiel kann auch ergänzt werden mit verschiedenen Tierfellen.

Die Stoffe können auch geordnet werden nach den Kriterien: aus der Natur bzw. künstlich hergestellt.

Erfahrung mit dem Tastsinn

Folgende themenbezogene Schwerpunkte aus dem BEP sind hier hervorzuheben:

- Selbst bei diesem Material kann bei genauem Studium eine indirekte Vorbereitung auf die Mathematik beobachtet werden, die das Kind unbewusst durch das rhythmische Tun erfährt: Bei der ersten Tasttafel gibt es zwei Unterschiede, diese wiederholen sich bei der zweiten Tasttafel genau fünfmal. Bei den Abstufungen sind es fünf, die sich bei den Tastbrettern verdoppeln. Bei den Stoffen gibt es zehn verschiedene, die sich durch das Paaren ebenfalls verdoppeln.
- Durch das bewusste Befühlen der Stoffe wird die Sensibilität für den ganzen Körper wachgerufen und die Aufmerksamkeit auf Stoffe gelenkt, die für das Empfinden des Kindes passend sind.
- Durch das bewusste Erfahren der eigenen Möglichkeiten und Grenzen kann die Toleranz anderen gegenüber erhöht werden, was letztlich in einen respektvollen Umgang miteinander mündet.
- Beim Ertasten der verschiedenen Strukturen und den dazugehörigen Informationen bezüglich ihrer Herkunft wird beim Kind das Interesse für einen bewussten Umgang mit der Umwelt geweckt.
- Die naturwissenschaftliche Bildung wird berücksichtigt, indem die Kinder durch Experimente und den Besuch in Fabriken oder Museen erfahren, wie bestimmte Stoffe oder Felle verarbeitet werden.
- Die sprachliche Bildung wird durch ein breites Spektrum an neuen Begriffen unterstützt, die vor allem ständig in bestimmte Ordnungen gebracht werden wollen, z. B. Kleidung, Stoffarten, Möbeln, Haushaltsgegenständen, Werkzeugen u. a.
- Speziell mit den Stoffarten und ihren unterschiedlichen Farben wird das ästhetische Empfinden sensibilisiert, wie auch in höchstem Maße die kulturelle Bildung gefördert. Das Interesse der Kinder wird geweckt für die unterschiedliche Bekleidung der Menschen bei uns und auf den anderen Kontinenten. Sie erfahren im Weiteren, dass dies oft klimatisch oder religiös bedingt sein kann.

Erfahrung mit dem Gehörsinn

Geräuschdosen

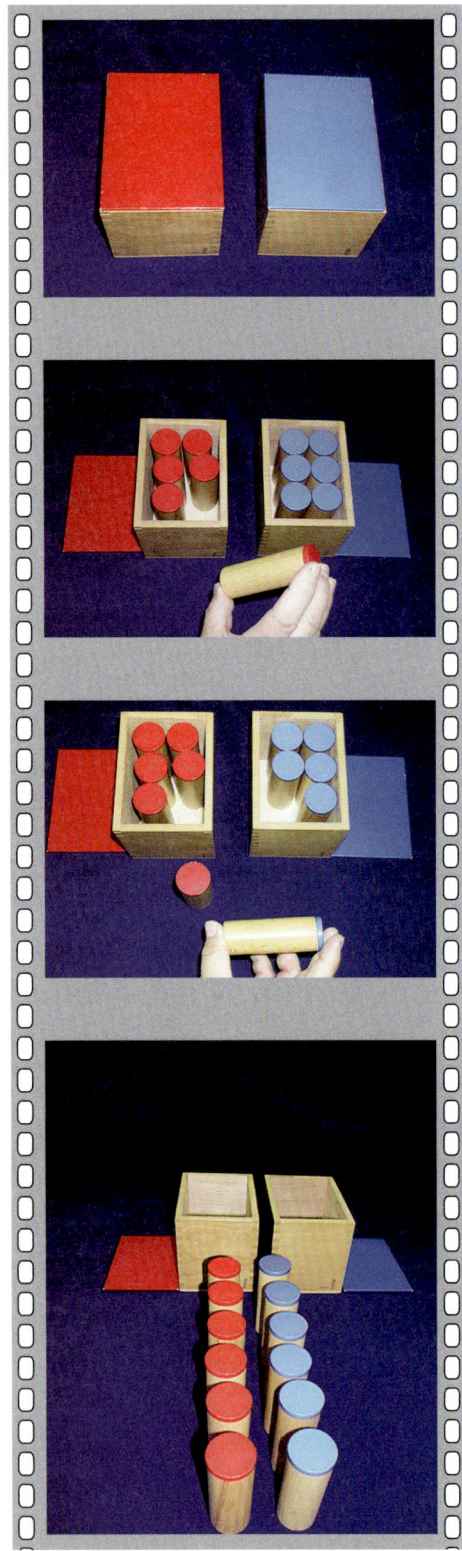

Gemeinsam mit dem Kind holt die Lehrkraft die Geräuschdosen vom Regal und bringt sie zu einem bereits ausgerollten Teppich oder zu einem Tisch.

Aus einem Holzkästchen wird eine Geräuschdose herausgeholt und so mit Daumen und Zeigefinger festgehalten, dass der Klangkörper nicht berührt wird. Danach wird diese abwechselnd vor beiden Ohren hin und her geschüttelt, um das entsprechende Geräusch intensiv aufnehmen zu können.

In der gleichen Weise wird eine Geräuschdose nach der anderen aus dem zweiten Kästchen geholt und geschüttelt, bis zwei gleiche Geräusche identifiziert sind.

Zum Schluss stehen sechs verschiedene Geräuschpaare nebeneinander.

Erfahrung mit dem Gehörsinn

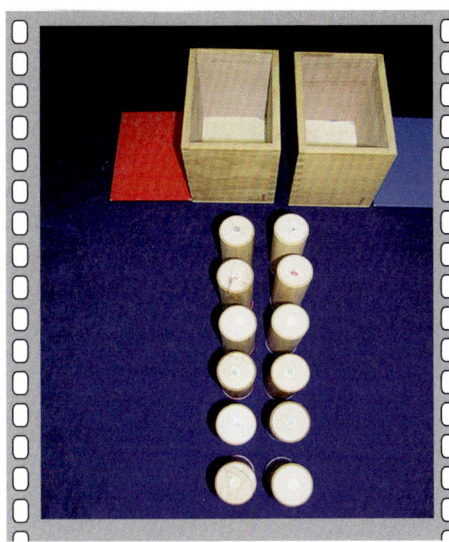

Durch Umdrehen der Geräuschdosen kann mit Hilfe von aufgeklebten Farbpunkten die Selbstkontrolle vorgenommen werden.

Mit der Dreistufenlektion können hier Begriffe eingeführt werden wie: laut – leise, grob – fein, ebenso Vermutungen zum Inhalt, z.B. Erbsen, Sand, Reis, Linsen, Kieselsteine usw.

Als Entfernungsspiel können alle Geräuschdosen an Kinder verteilt werden. Sie schütteln diese alle gleichzeitig und versuchen, sich als Paare mit dem gleichen Geräusch zu finden. Mit verbundenen Augen ist dieses Spiel besonders spannend.

Sechs Geräuschdosen werden an Kinder verteilt, während die anderen sechs von laut nach leise geordnet auf einem Tisch oder Teppich stehen. Jedes Kind stellt kurz sein Geräusch vor. Danach bittet man die Kinder der Reihe nach, – aus der Erinnerung – zunächst das lauteste Geräusch von den sechsen, dann wieder das lauteste Geräusch von den verbliebenen fünf Geräuschen usw. der jeweiligen Geräuschdose auf dem Tisch zuzuordnen (Relativitätstheorie!). Am Schluss schüttelt die Lehrkraft alle der Reihe nach, um die Abstufung von laut nach leise „überprüfen" zu lassen.

Am Ende werden die beiden Holzkästchen mit den Geräuschdosen gemeinsam mit dem Kind wieder auf seinen Platz im Regal gestellt.

Die Kinder stellen sehr gerne eigene Kombinationen von Geräuschdosen her. Zunächst sammeln sie verschiedene Körner, Kiesel, Sand u. ä., die sie dann in unterschiedlicher Menge in Gefäße aus verschiedenem Material (Papperöhrchen, Gewürzgläschen, Plastikfilmdöschen, Blechdosen u. a.) füllen.

Erfahrung mit dem Gewichtssinn

Barische Brettchen

Gemeinsam mit dem Kind holt die Lehrkraft die drei Holzkästchen mit den Barischen Brettchen vom Regal und bringt sie zu einem bereits ausgerollten Teppich oder zu einem Tisch. In den Kästchen sind drei verschiedene Holzarten, die sich in ihrem Gewicht um jeweils sechs Gramm unterscheiden.

Zunächst werden die drei verschiedenen Gewichtsqualitäten abgewogen. Am besten nimmt man sie abwechselnd in die rechte und in die linke Hand, weil diese oft unterschiedliche Empfindungen für Gewicht besitzen.

Danach bittet die Lehrkraft das Kind, die Augen zu schließen oder eine Augenbinde anzulegen. Es bekommt nun jeweils ein Brettchen auf die Hand gelegt und muss entscheiden, ob es auf den Stapel mit dem leichten, mittelschweren oder schweren Holz gehört.

Zum Schluss kann das Kind mit geöffneten Augen selbst kontrollieren, wie weit es seinem Gewichtssinn trauen kann.

Das Spiel ist besonders aufregend mit mehreren Kindern zu spielen, die mit großer Anteilnahme und Spannung die Entscheidungen des aktiv spielenden Kindes verfolgen und dabei versuchen müssen, sich ganz ruhig zu verhalten.

Am Ende der Darbietung räumt die Lehrkraft gemeinsam mit dem Kind oder den Kindern das Material wieder auf.

Natürlich regt dieses Material die Kinder auch an, das Gewicht weiterer Materialien zu überprüfen und miteinander zu vergleichen. Oft benutzen sie dafür auch eine Waage.

Dabei ergeben sich spontan schon richtige Rechenaufgaben, wenn die Kinder wissen wollen, wie viele von den hellen, leichten Brettchen genauso viel wiegen wie ein dunkles, schweres Brettchen u.a.

Erfahrung mit dem Temperatursinn

Wärmeplatten

Gemeinsam mit dem Kind holt die Lehrkraft das Holzkästchen mit den Wärmeplatten vom Regal und bringt es zu einem bereits ausgerollten Teppich oder zu einem Tisch.

In dem Kästchen sind Platten aus vier verschiedenen Materialien, paarweise angeordnet, die unterschiedliche Wärmespeicherqualitäten besitzen: Metall, Stein, Holz und Filz.

Durch kurzes Abtasten wird die relative Temperatur erspürt und in eine Reihenfolge gebracht: von „sich kalt anfühlend" bis „sich warm anfühlend". Man kann die Temperaturunterschiede auch an anderen Körperstellen spüren, z.B. am Innenarm oder an der Wange.

Anschließend wird mit geschlossenen Augen die sich gleich anfühlende Platte der bereits ausgelegten Platte in der Reihe zugeordnet.

Am Ende der Darbietung räumt die Lehrkraft gemeinsam mit dem Kind oder den Kindern das Material wieder auf.

Mit der Dreistufenlektion können folgende Begriffe eingeführt werden: kalt – warm, kälter als bzw. wärmer als, Relativität von kalt und warm, je nachdem wie lange ich meine Hand auf das Material lege, Bezeichnungen für die Materialien.

Im Gespräch ergeben sich oft schon Zusammenhänge zu anderen Materialien und deren unterschiedliche Wärmeleitung, ebenso über die eigene Körpertemperatur und deren Veränderung in bestimmten Situationen.

Erfahrung mit dem Geruchssinn

Hölzerne Geruchsfläschchen

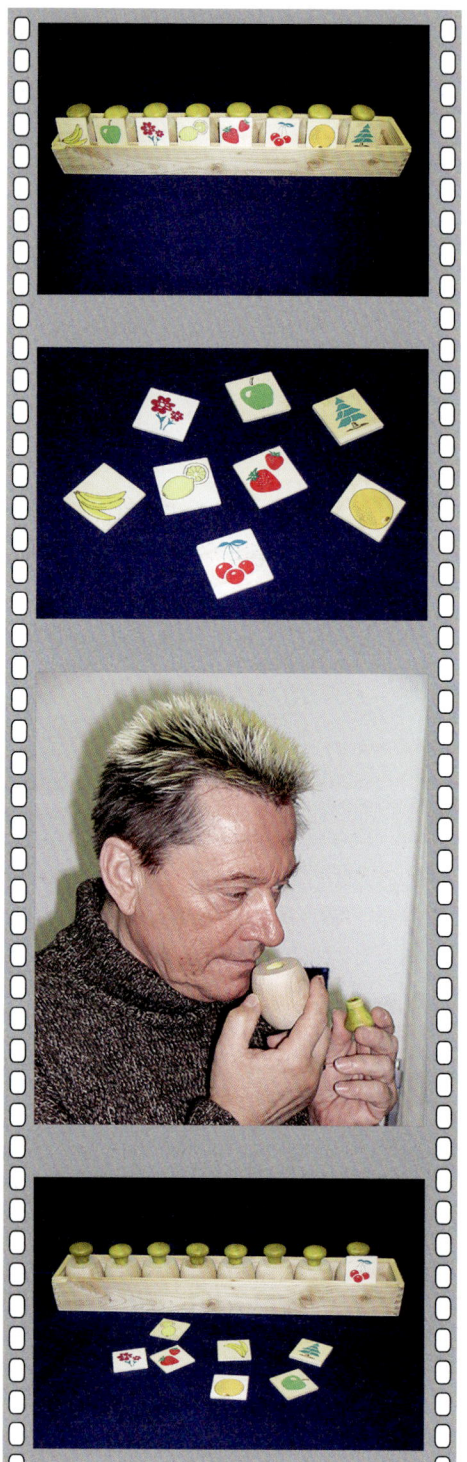

Gemeinsam mit dem Kind oder den Kindern holt die Lehrkraft den Kasten mit den Geruchsfläschchen vom Regal und bringt diesen zu einem bereits ausgerollten Teppich oder zu einem Tisch.

In dem Kasten befinden sich acht Geruchsfläschchen, die mit verschiedenen Gerüchen versehen sind: Banane, Apfel, Blumenduft, Zitrone, Erdbeere, Kirsche, Apfelsine und Tanne. (Beim Befüllen der Geruchsfläschchen sollte man darauf achten, naturreine ätherische Öle zu verwenden.) Dazu gibt es acht Holztäfelchen mit den entsprechenden Abbildungen.

Die Bildkärtchen liegen ungeordnet auf dem Teppich oder Tisch.

Die Lehrkraft nimmt eins der Geruchsfläschchen und öffnet den Verschluss, um daran riechen zu können. Anschließend stellt sie das Geruchsfläschchen wieder in den Kasten zurück und legt das entsprechende Bild dazu.

In der Dreistufenlektion können die entsprechenden Bilder benannt und Namen zu den Geruchsqualitäten gefunden werden.

Zur Selbstkontrolle haben die Geruchsfläschchen und die dazugehörigen Bilder die gleiche Nummer auf der Unter- bzw. Rückseite.

Zum Schluss der Darbietung räumen Lehrkraft und Kinder das Material wieder gemeinsam auf.

Sehr beliebt ist bei den Kindern, sich eigene Geruchskästchen zusammenzustellen, z.B. mit verschiedenen Parfumsorten, mit verschiedenen Gewürzen u.a.

Erfahrung mit dem Geschmackssinn

Geschmacksgläser

Gemeinsam mit dem Kind oder den Kindern holt die Lehrkraft das Tablett mit den Geschmacksgläsern vom Regal und bringt dieses zu einem Tisch.

Auf dem Tablett stehen acht Pipettenfläschchen, die paarweise die gleiche Geschmacksrichtung beinhalten: Salzwasser (salzig), Zuckerwasser (süß), Wasser mit drei Tropfen Myrrhentinktur (bitter) und in Wasser aufgelöstes Vitamin-C-Pulver (sauer).

Dazu wird Leitungswasser in Gläsern gereicht, um nach jeder Kostprobe den Mund zu spülen und zu neutralisieren, sowie Löffel zum Aufträufeln der Flüssigkeit.

Zunächst wird eine Flaschenserie vom Tablett genommen, einmal durchgekostet, die jeweilige Geschmacksrichtung benannt und auf der linken Seite des Tabletts wieder abgestellt.

Im nächsten Schritt werden der Reihe nach die Geschmacksrichtungen der zweiten Serie gekostet und aus der Erinnerung heraus, das entsprechende Fläschchen von der linken Ablage zugeordnet.

Zur Selbstkontrolle haben immer zwei zusammengehörige Fläschchen am Boden den gleichen farbigen Punkt.

Nach der Darbietung wird das Tablett mit den Geschmacksgläsern gemeinsam mit den Kindern auf den entsprechenden Platz im Regal zurückgestellt.

Im Gespräch können den vier Geschmacksrichtungen nun unterschiedliche Obstsorten, Gemüsesorten, Gewürze und ähnliches zugeordnet werden.

Gerne machen die Kinder auch Collagen, indem sie aus Katalogen, Zeitschriften usw. Bilder ausschneiden, die zur Geschmacksempfindung „bitter", „salzig", „süß" oder „sauer" passen.

Sehr beliebt ist bei den Kindern auch, wenn verschiedene Kinder von den Geschmacksgläsern kosten und dann die Mimik zum jeweiligen Geschmack fotografiert wird.

Folgende themenbezogene Schwerpunkte aus dem BEP sind hier hervorzuheben:

- Bezogen auf die mathematische Bildung erfährt das Kind die immer wiederkehrende Paar- und Reihenbildung als wesentliche mathematische Ordnungsprinzipien, ebenso das Prinzip von Gleichungen.
- Mit diesen Erfahrungen der verschiedenen Sinne wird die Wahrnehmung in höchstem Maße auf einen bewussten Umgang mit dem eigenen Körper fokussiert, des Gleichen auf die Verantwortung des Einzelnen im Zusammensein mit anderen Menschen.
- Kosmische Zusammenhänge werden in unterschiedlichster Form erfahren: Zusammenspiel von Material und Klang, spezifisches Gewicht von verschiedenen Materialien, sowie deren Wärmeleitfähigkeit, natürliche und chemisch hergestellte Düfte, die vier grundlegenden Geschmacksrichtungen und deren Veränderbarkeit durch Gewürze, Kräuter u.ä.
- Grundlagen für die musikalische Bildung mit den Geräuschdosen,
- In der sprachlichen Bildung erfahren die Kinder eine große Bereicherung ihres Wortschatzes, sie lernen verschiedene Steigerungsformen kennen, durch die Reihenbildungen werden sie auf Rhythmisierung vorbereitet, die auch für das Aufsatzschreiben von Bedeutung ist, verschiedene Ordnungsbegriffe, Vorbereitung auf Rechtschreibung durch die vielen Entfernungsspiele.
- Durch die Verfeinerung des Gehör-, Geruchs- und Geschmackssinns wird die Ästhetik auf unterschiedlichste Weise geschult, wie auch eine Sensibilität für Klänge, Gerüche und Geschmäcker aus anderen Ländern und Kulturen geweckt. Dies führt zu mehr Respekt und Toleranz und somit zu einer schon früh erworbenen ethischen und religiösen Grundhaltung.

Erfahrung mit Formen und Figuren

Erfahrung mit Formen und Figuren

Geometrische Körper

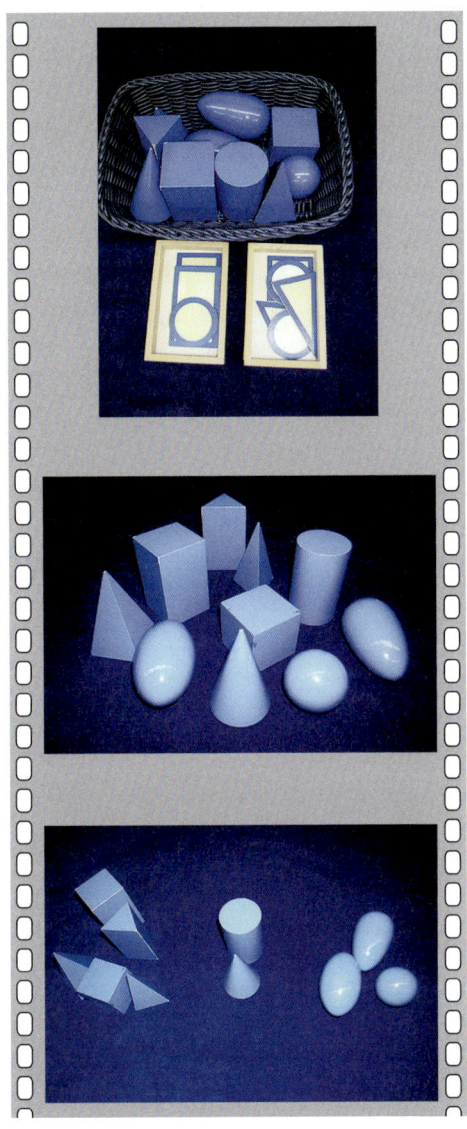

Gemeinsam mit dem Kind oder den Kindern wird das Körbchen mit den geometrischen Körpern und die dazugehörigen Grundplatten vom Regal zu einem bereits ausgerollten Teppich geholt.

Die Lehrkraft nimmt nun alle Körper heraus und stellt sie ungeordnet auf den Teppich.

Als nächstes ertastet sie die Körper und ordnet diese nach folgenden Kriterien: alle Körper, die rund sind, alle Körper, die Ecken und Kanten haben, alle Körper, die rund sind und Kanten bzw. eine Spitze haben.

Im nächsten Schritt können den geometrischen Körpern die jeweiligen Grundflächen zugeordnet werden:

In der Dreistufenlektion erfährt das Kind die Namen der geometrischen Körper: Quader oder vierseitiges Prisma, Kubus, Kegel, Ellipsoid, Kugel, Ovoid, vierseitige Pyramide, dreiseitiges Prisma, Zylinder, dreiseitige Pyramide.

Danach können auch die Namen der Grundflächen benannt werden: Rechteck, Quadrat, Kreis, spitzwinklig gleichschenkliges Dreieck, gleichseitiges Dreieck.

Am Ende der Darbietung räumt die Lehrkraft zusammen mit den Kindern das Material auf seinen Platz im Regal zurück.

Zusätzliche Bildkarten erlauben es dem Kind, diese den unterschiedlichen Körpern zuzuordnen und dabei neue Erkenntnisse zu gewinnen. Diese werden zunächst optisch wahrgenommen, können aber auch versprachlicht werden: Draufsicht, Ansicht, Netz u.a.

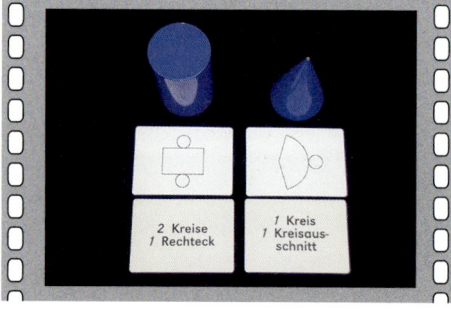

Anhand von Fotos können die Kinder herausfinden, wo diese Formen in ihrer unmittelbaren Umgebung vorkommen, z.B.:

Zylinder bei Zylinderhut, Nudelholz, Flasche, Gewicht, Dose, Becher, Klopapierrolle …
Kugel bei Kohlkopf, Apfel, Ball, Kerze, Globus, Murmeln, Tomate …
Quader bei Koffer, Paket, Buch, Butter, Schrank, Kekspackung …
Kegel bei Schultüte, Eistüte, Trichter, Turmspitze, Sektglas, Kreisel, Schneckenhaus …
Ovoid bei Eiern, Brötchen, Luftballon, Tannenzapfen, Auge, Birne, Zitrone … usw.

Erfahrung mit Formen und Figuren

Geometrische Kommode mit Karten

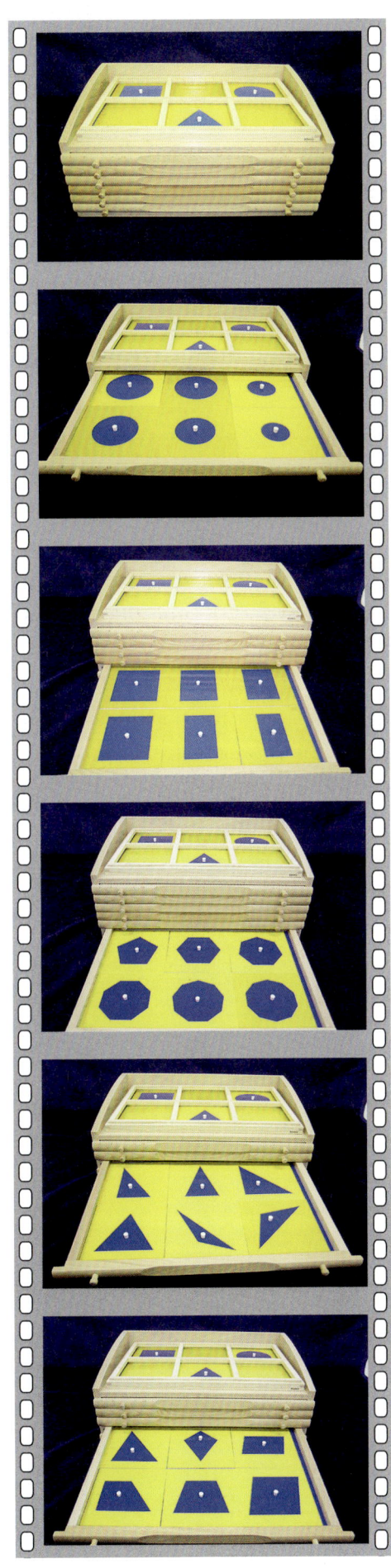

Die geometrische Kommode wird mit dem Kartensatz gemeinsam mit den Kindern vom Regal zu einem bereits ausgerollten Teppich geholt.

Zur Kommode gehören: der Einführungsrahmen,

eine Schublade mit 6 verschieden großen Kreisen,

eine Schublade mit einem Quadrat und 5 verschiedenen Rechtecken,

eine Schublade mit 6 verschiedenen Vielecken (Fünfeck, Sechseck, Siebeneck, Achteck, Neuneck und Zehneck),

eine Schublade mit 6 verschiedenen Dreiecken (spitzwinklig, ungleichseitiges Dreieck, stumpfwinklig, ungleichseitiges Dreieck, stumpfwinklig, gleichschenkliges Dreieck, rechtwinklig, ungleichseitiges Dreieck, spitzwinklig, gleichschenkliges Dreieck, rechtwinklig, gleichschenkliges Dreieck),

eine Schublade mit 6 verschiedenen Vielecken (ungleichseitig, spitzwinkliges Dreieck, Drachenviereck, Rhombus, Trapez, gleichschenkliges Trapez, Parallelogramm),

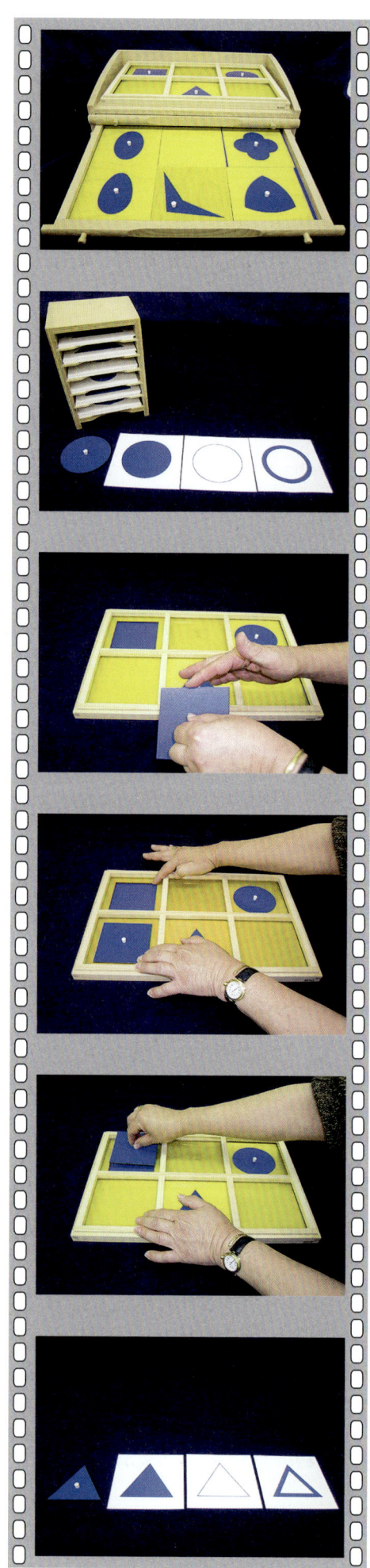

eine Schublade mit Oval, Ellipse, sphärisches Dreieck, sphärisches Viereck, eingeknicktes Dreieck (Pfeilspitze),

ein Regal mit Karten zu jeder Schublade. Für jede geometrische Figur gibt es drei verschiedene Darstellungen:

Erste Schwierigkeitsstufe: Bild der Gesamtfläche

Zweite Schwierigkeitsstufe: Bild mit dem gezeichneten Umfang (dünner Strich)

Dritte Schwierigkeitsstufe: Bild mit dickem Rand, damit werden für das Auge zwei verschieden große Flächen sichtbar, wobei die Holzfläche die Gesamtfläche des Bildes abdeckt.

Mit dem Einführungsrahmen stellt die Lehrkraft die drei geometrischen Grundformen vor.

Dafür wird jede einzelne Holzfigur aus ihrem Rahmen genommen, mit den Fingern umfahren und unter bzw. über ihrem Rahmen abgelegt.

Im nächsten Schritt wird der Umfang der Fläche erspürt, indem die Finger den Rahmen innen abfahren und danach die Figur wieder in den Rahmen zurückgelegt wird.

In gleicher Weise kann mit allen Schubladen verfahren werden.

Zur weiteren Unterstützung der optischen Wahrnehmung ordnen die Kinder die jeweiligen Karten den geometrischen Figuren zu.

Erfahrung mit Formen und Figuren

Mit der Dreistufenlektion werden die Namen der jeweiligen Figuren eingeführt. Mit Hilfe des Entfernungsspiels wird die Memorisierungsfähigkeit geschult:

Die Karten werden an die Kinder verteilt. Diese schauen sich ihr Bild genau an, lassen es an ihrem Platz liegen und suchen – mit dem Bild im Gedächtnis – die konkrete Figur. Die Lehrkraft hat vor dem Spiel alle Figuren im Raum verteilt.

Im weiteren Verlauf suchen die Kinder konkrete Bilder oder Gegenstände in ihrer unmittelbaren Umgebung, die entsprechende Formen haben, z.B.:

Rechteck: Fenster, Buch, Heft, Mäppchen, Tisch, Tür …

Kreis: Tasse, Teller, Glühbirne, Blumentopf, Vase, bei vielen anderen Materialien …

Mit Hilfe von Auftragskarten können die Kinder weitere Informationen über die geometrischen Figuren erhalten, wie z.B. Anzahl von Seiten, Anzahl von Ecken,

Weitere Aktivitäten:

Die Kreise der Größe nach ordnen,
Die Rechtecke ordnen – von schmal zu breit.
Die Vielecke nach der Anzahl ihrer Seiten ordnen.
Als Leseübung den Figuren entsprechende Namenskarten zuordnen.
Die Figuren zeichnen.

Konstruktive Dreiecke

Die konstruktiven Dreiecke bestehen aus dem **Rechteckkasten,** dem **Dreieckkasten,** dem **kleinen Sechseckkasten** und dem **großen Sechseckkasten**

Die Kästen können gemeinsam nacheinander vorgestellt werden – aber auch einzeln an verschiedenen Tagen (je nach Interesse der Kinder).

Gemeinsam mit den Kindern holt die Lehrkraft den Rechteckkasten vom Regal und bringt diesen zu einem bereits ausgerollten Teppich.

Damit die Kinder wissen, welche Dreiecke zu welchem Kasten gehören, befindet sich auf der Deckelinnenseite ein farbiger Punkt, der auch auf jedem Dreieck des Kastens auf der Rückseite angebracht ist.

Die einzelnen Dreiecke werden ungeordnet auf dem Teppich verteilt.

Die Lehrkraft wählt ein Dreieck aus, fährt mit dem Zeigefinger an der schwarzen Linie entlang, sucht das entsprechende gleichfarbige Dreieck und legt die schwarzen Linien der beiden Dreiecke aneinander. In der gleichen Weise wird mit den anderen Dreiecken verfahren, bis zum Schluss unterschiedliche geometrische Figuren mit den Dreiecken konstruiert worden sind.

Mit der Dreistufenlektion führt die Lehrkraft die Namen der Figuren ein:
Parallelogramm, Rechteck, Rhombus, Quadrat und Trapez.

Zum Schluss der Darbietung werden die entsprechenden Teile in den Kasten zurückgelegt.

Lehrkraft und Kinder räumen den Rechteckkasten an seinen Platz im Regal zurück.

In der gleichen Weise wird der kleine Sechseckkasten eingeführt.

Erfahrung mit Formen und Figuren

Auch hier führt die Lehrkraft mit der Dreistufenlektion die Namen der entstandenen Figuren ein:

Gleichseitiges Dreieck, Sechseck, Rhombus, Trapez

Nun lassen sich mit diesen Dreiecken weitere Entdeckungen machen:

1. Im Sechseck sind zwei Trapeze enthalten.

2. Im Sechseck sind drei Rauten (Rhomben) enthalten.

3. Die beiden Rauten (Rhomben) zeigen, dass das gleichseitige Dreieck flächengleich ist mit dem gleichschenklig stumpfwinkligen Dreieck.

4. Durch das Einklappen der drei gleichschenklig stumpfwinkligen Dreiecke auf das gelbe gleichseitige Dreieck ist bewiesen, dass zwei dieser Dreiecke flächengleich mit dem Sechseck sind.

Die Einführung des Dreickkastens erfolgt in ähnlicher Weise wie beim Rechteckkasten beschrieben.

Nachdem die Dreiecke auch hier an den schwarzen Linien zusammengelegt wurden, sind folgende geometrische Begriffe zu erkennen und werden mit der Dreistufenlektion eingeführt:

1. Die Höhe beim Dreieck

2. Die Winkelhalbierende beim Dreieck

Erfahrung mit Formen und Figuren

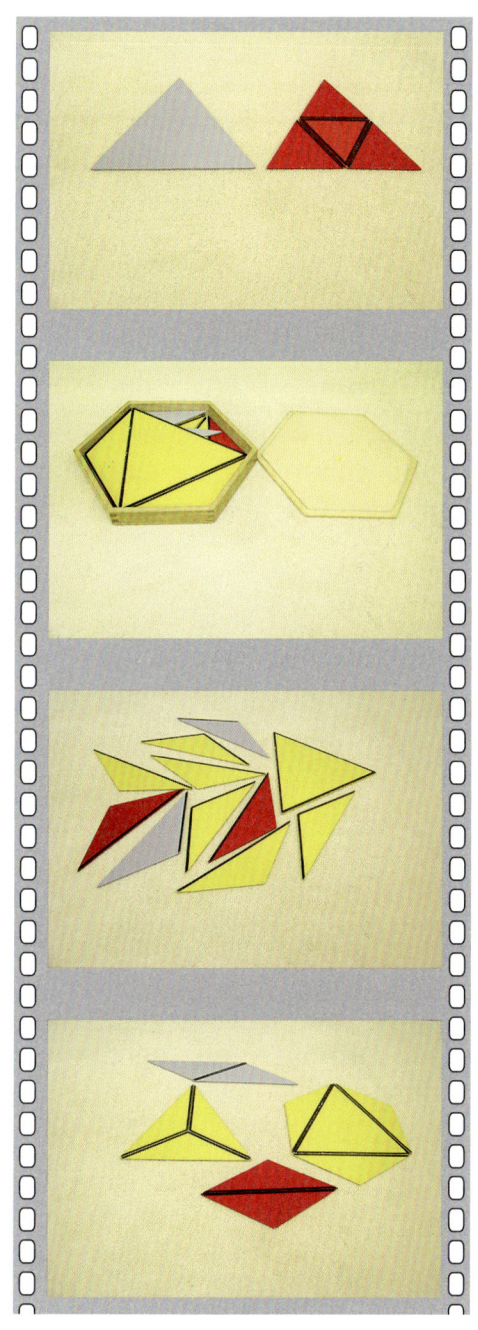

3. Die Seitenhalbierende beim Dreieck

In gleicher Weise wird der große Sechseckkasten eingeführt.

Dieser enthält ähnliche Informationen wie der kleine Sechseckkasten – neu ist hier lediglich, dass die Raute (Rhombus) flächengleich ist mit einem Parallelogramm.

In der Kombination aller vier Kästen lassen die Kinder unterschiedliche Bilder und Formen entstehen, manchmal schon angeregt durch das „ungeordnete" Auslegen der Einzelteile, wie am Beispiel des großen Sechseckkastens zu sehen ist – unverkennbar ein Fisch.

Dies sind bereits erste „Tangram-Erfahrungen", die mit einem weiteren Kasten (Blaue Dreiecke) in großer Vielfalt gelegt werden können.

Binomischer und Trinomischer Kubus

Die Lehrkraft holt gemeinsam mit dem Kind oder den Kindern das Material vom Regal, um es zu dem bereits ausgerollten Teppich zu bringen.

Vorsichtig hebt sie den Deckel hoch, um danach die beiden Seitenwände des Kästchens auszuklappen und den Deckel mit der darauf abgebildeten binomischen Fläche in den rechten Winkel zu legen.

Einzeln werden die Klötzchen aus dem Kästchen genommen und – nach Farben geordnet – in eine Reihe gestellt.

Als erstes wird der rote Kubus auf der entsprechenden roten Fläche platziert.

An zwei Seiten des roten Kubus werden die Quader so aufgestellt, dass die roten quadratischen Flächen sich berühren und automatisch die schwarzen rechteckigen Flächen aufeinander passen.

Erfahrung mit Formen und Figuren

Nun ist gut zu erkennen, dass auf die freie blaue quadratische Fläche in der Ecke nur der Quader gehören kann, der auch eine blaue quadratische Fläche hat und dessen schwarze Seiten in der Höhe genau in diese Ecke passen.

Die erste Schicht des binomischen Kubus, die der Höhe des roten Kubus entspricht, wird zurück in das Kästchen gesetzt.

Als nächstes wird der blaue Kubus auf seine blaue quadratische Grundfläche gesetzt.

Diagonal dazu wird der roten quadratischen Grundfläche der entsprechende Quader zugeordnet.

Auf die verbleibenden schwarzen rechteckigen Flächen legt die Lehrkraft die beiden Quader so, dass die schwarzen Seitenflächen dem Deckel zugeordnet werden und die blauen quadratischen Flächen an die entsprechenden Flächen des blauen Kubus passen.

Die zweite Schicht des binomischen Kubus, die der Höhe des blauen Kubus entspricht, wird zurück in das Kästchen gesetzt, die Seitenklappen des Kästchens werden hochgeklappt, das Kästchen mit dem Deckel geschlossen und gemeinsam mit den Kindern zurück zum Regal gebracht.

Der trinomische Kubus wurde wesentlich größer nachgebaut, um den Kindern ein größeres Spektrum an Spielmöglichkeiten und Kombinationen mit dem Original-Kubus anzubieten.

Zunächst legt die Lehrkraft die Teile des kleinen trinomischen Kubus auf einem Teppich aus.

In der gleichen Anordnung werden die Teile des großen trinomischen Kubus um einen runden Teppich gelegt.

Spontan gehen die meisten Kinder ihrem Bewegungsbedürfnis nach und nutzen diese Anordnung zum Balancieren. (Siehe das Kapitel „Erfahrungen mit dem kinestetischen Sinn")

Wenn die Kinder sich im Kreis um diese Anordnung setzen, entsteht häufig spontan ein regelrechtes Trommelkonzert. Die Kinder erfahren hierbei, dass durch die unterschiedliche Größe der Teile, die innen hohl sind, verschiedene Klänge hervorgebracht werden können.

In einer weiteren Übung zeigt die Lehrkraft ein Klötzchen vom kleinen trinomischen Kubus und lässt die Kinder sich auf das entsprechende Teil des großen Kubus stellen.

Erfahrung mit Formen und Figuren

Auf die Grundplatte des großen trinomischen Kubus stellen die Kinder nun – genauso wie die Lehrkraft mit dem kleinen trinomischen Kubus – die entsprechenden geometrischen Körper, bis zum Schluss alle 27 Teile im großen trinomischen Kubus enthalten sind.

Immer wieder sind die Kinder beeindruckt, wenn sie die Regelmäßigkeit der überall an den Seiten sichtbaren Diagonalen „rot-blau-gelb" erkennen. Diese erscheint sogar dann, wenn der Kubus in der Höhe der bunten Flächen horizontal oder vertikal schichtweise abgenommen wird.

Wird bei den 27 Teilen eine Farbe ausgeschlossen, so machen die Kinder die Erfahrung, dass automatisch ein binomischer Kubus entsteht.

Die größte Herausforderung stellt für die Kinder das Bauen eines Turmes dar:

Im freien Spiel bauen die Kinder dann ihre eigenen Türme, Häuser, Brücken, Wohnungseinrichtungen u.ä. Hierbei ist es für uns Erwachsene besonders wichtig, dass wir uns genügend Zeit nehmen, um die Kinder zu beobachten und von ihnen zu lernen.

„... wir sollten die Kinder sehen, wie sie sind und nicht wie wir sie haben wollen. Für uns ist die Fähigkeit zu beobachten eine wahre Kunst – nämlich den Drang zu unterdrücken, sich in die kindlichen Prozesse einzumischen oder diese gar zu beschleunigen zu versuchen. Montessori nennt dies „attendere osservando", das übersetzt „warten während des Beobachtens" heißt."[3]

Kinder lernen durch spontane Aktivitäten, bei denen sie eine enorme Energie entwickeln.

---
[3] Claus-Dieter Kaul: Die zehn Wünsche der Kinder, Auer-Verlag Donauwörth 2005, S. 15

Dekanomisches Quadrat

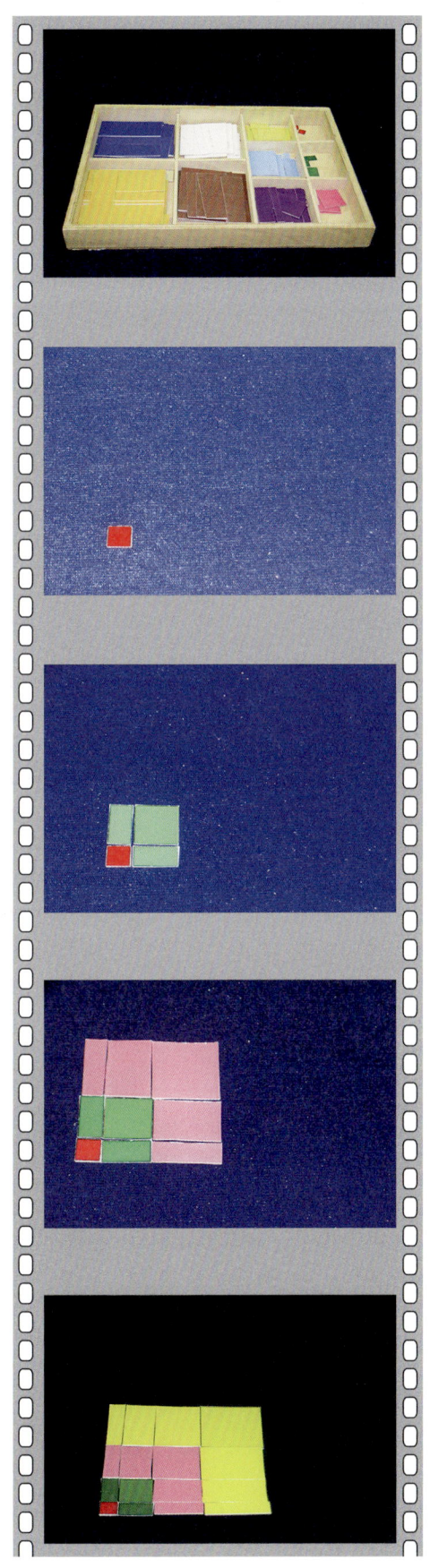

Gemeinsam mit dem Kind oder den Kindern holt die Lehrkraft den Kasten mit dem dekanomischen Quadrat vom Regal und bringt diesen zu einem bereits ausgerollten Teppich.

In die linke untere Ecke des Teppichs wird das erste Quadrat gelegt, das die Farbe rot hat – entsprechend dem Einer-Perlenstäbchen.

An zwei Seiten dieses Quadrates werden die grünen Rechtecke gelegt und in die Diagonale das grüne Quadrat – grün entsprechend dem Zweier-Perlenstäbchen.

Entstanden ist somit das **binomische Quadrat.**

An zwei Seiten dieses Quadrates werden rosa Rechtecke angelegt und in die Diagonale ein rosa Quadrat. Rosa ist bei Montessori die Symbolfarbe für die Drei.

Das neu entstandene Quadrat wird **trinomisches Quadrat** genannt.

Wieder werden an zwei Seiten dieses Quadrates Rechtecke angelegt, die gelb sind – entsprechend dem Vierer-Perlenstäbchen. Auf der Diagonalen hat das gelbe Vierer-Quadrat seinen Platz.

Dieses Quadrat hat den Namen **quatrinomisches Quadrat.**

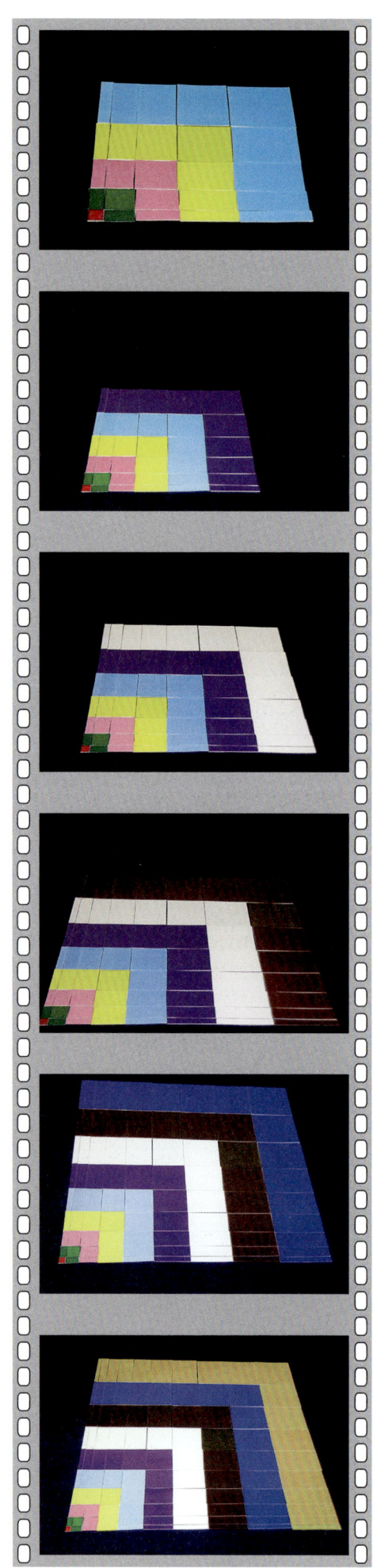

An zwei Seiten dieses Quadrates werden hellblaue Rechtecke angelegt, so dass in die Lücke auf der Diagonalen das hellblaue Fünfer-Quadrat passt. Die Farbe hellblau entspricht dem Fünfer-Perlenstäbchen.

Sicherlich ist dem Kind inzwischen aufgefallen, dass bei jeder neuen Farbe deren Zahlengröße mit jeder bereits vorhandenen Zahlengröße zweimal in Beziehung tritt.

Dieses Quadrat trägt den Namen **pentanomisches Quadrat**.

In der gleichen Weise wird nun das Quadrat um die Sechsergröße erweitert.

Wie das Sechser-Perlenstäbchen zum Zählen haben hier die Flächen die Farbe violett.

Das neu entstandene Quadrat ist das **hexanomische Quadrat**.

Durch Anlegen der Flächen in der nächsten Farbe – weiß für die Zahlengröße der Sieben – entsteht das **heptanomische Quadrat**.

An alle Seiten dieses Quadrates kommen dunkelbraune rechteckige Flächen und auf der Diagonalen hat das dunkelbraune Achterquadrat seinen Platz.

Dieses Quadrat heißt **oktanomisches Quadrat**.

Im rechten Winkel werden die dunkelblauen Flächen angelegt – dunkelblau als Symbolfarbe für die Neun.

Dieses Quadrat heißt **nonanomisches Quadrat**.

Komplett ausgelegt erscheinen im rechten Winkel alle goldfarbigen Flächen.

Diese Farbe entspricht der zehn im gesamten Perlenmaterial – deshalb auch genannt das „goldene Perlenmaterial".

Das Quadrat hat den Namen **dekanomisches Quadrat**.

Erfahrung mit Formen und Figuren

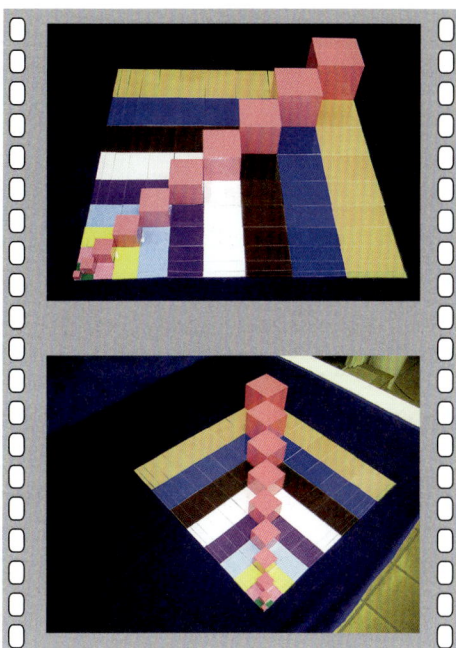

In der Kombination mit dem rosa Turm ist noch einmal sehr deutlich die Diagonale in dem gesamten Quadrat zu erkennen. Zum anderen kann man sich sehr gut vorstellen, wie man von der Fläche in die Höhe kommt.

Dies eröffnet dem Kind unendlich viele Spielvarianten.

Folgende themenbezogene Schwerpunkte aus dem BEP sind hier hervorzuheben:

- Mit diesen Materialien wird die Mathematik in ihrer ganzen Bandbreite erlebt:
  Geometrie mit den geometrischen Körpern, der geometrischen Kommode und den konstruktiven Dreiecken
  Arithmetik mit dem Zehnersystem im dekanomischen Quadrat und den bereits vorhandenen Einmaleinsreihen, den Quadratzahlen und dem Kommutativgesetz
  Algebra mit dem dekanomischen Quadrat: $(a + b)^2$, $(a + b + c)^2$, $(a + b + c + d)^2$ bis hin zu $(a + b + c + d + e + f + g + h + i + j)^2$
  Ebenso mit dem binomischen und trinomischen Kubus, die auf den Deckeln die binomische und trinomische Formel der Fläche abgebildet haben, sowie im Raum die binomische Formel des Kubus $(a + b)^3$ als auch die trinomische Formel des Kubus $(a + b + c)^3$
- Die sprachliche Bildung geschieht bei allen Aktivitäten durch eine große Wortschatzbereicherung. Die vielen Möglichkeiten der Serienbildung erschließen dem Kind eine Sprachrhythmuserfahrung bezüglich des sprachlichen Ausdrucks (indirekte Vorbereitung auf das Aufsatzschreiben, Umgang mit Gedichten u.a.).
  Mit Hilfe der Entfernungsspiele wird die Merkfähigkeit, die für Rechtschreibung, Grammatik und alle Aktivitäten des Auswendiglernens notwendig ist, geschult. Die geometrischen Formen geben dem Kind die optischen und haptischen Grunderfahrungen für das Erfassen der einzelnen Buchstaben und Ziffern.
- Mit allen Aktivitäten wird die Feinmotorik in großem Maße geschult.
- Durch das Adaptieren des trinomischen Kubus sind die Kinder zusätzlich mit ihren großen Bewegungen gefordert. Sie üben sich in der Balance als auch in den verschiedensten Bau- und Klettertechniken.
- Beim Bauen und beim Legen mit den verschiedensten Materialien wird bei den Kindern durch ihr ästhetisches und bildnerisches Gestalten die eigene Kreativität inspiriert und auf andere Gebiete in ihrem natürlichen Lebensraum übertragen.
- Im konkreten Tun mit diesen Materialien bildet sich durch unterschiedlichste Anwendung von Systemen die Basis für einen späteren kompetenten Umgang mit den neuen Medien und Technologien.

Erfahrung mit dem kinestetischen Sinn

Wenn das Gehirn die Informationen mehrerer Sinne zusammenfügt und abgleicht wird dies neurophysiologisch multisensorische Integration oder Sinnesfusion genannt. Unter kinestetischem Sinn verstehen wir dabei die Integration, bei welcher der Gleichgewichtssinn, der Raumdrehsinn, der Gelenksinn und der Sehsinn eine große Rolle spielen.

Von Maria Montessori gibt es einige wenige Übungen, wie z.B. „das Gehen auf der Linie", die sich speziell mit diesem Sinn befassen. In allen bisher beschriebenen Aktivitäten ist er bereits mit angesprochen und damit hat sie dem Bedürfnis der damaligen Zeit wohl genügt.

Schon 1935 hat Elfriede Hengstenberg als Mitarbeiterin einer Berliner Montessorieinrichtung einen großen Bedarf an Nachentfaltung meist brachliegender oder in der Kindheit entmutigter Fähigkeiten gesehen. Sie entwickelte Übungsmöglichkeiten für Haltungs- und Bewegungsschulung. Sie beschrieb ein ordnendes Zurückwirken des äußeren Gleichgewichts auf das innere Gleichgewicht. Die Anziehungskraft der Erde wirkt dabei als zuverlässiges Korrektivum, um sich in Ruhe und Bewegung zu erproben. Somit wird das Bedürfnis nach Selbstständigkeit des Kindes, das auch sie als Grundlage gesunder Persönlichkeitsentfaltung sieht, respektiert und gefördert.

„Wir alle kennen die ursprünglichen Regungen der Kinder, die immer wieder darauf hinauslaufen, allein probieren zu wollen! Wir sollten nur noch mehr wissen, dass diese unermüdliche Überwindung von Widerständen aus eigener Initiative dem Kind jene Spannkraft verleiht, die wir ihm zu erhalten wünschen, und dass die Freude an der Auseinandersetzung mit Schwierigkeiten nur darauf beruht, dass es selbstständig beobachten, forschen, probieren und überwinden durfte." [4]

Seit rund 90 Jahren werden die Wirkungen der Bewegungen auf die Entwicklung und Persönlichkeitsentfaltung und insbesondere auch auf das Lernen in Europa systematisch erforscht. Die Ergebnisse werden z.B. in Sensorischer Integration, Motopädagogik und neuerdings in der Edukinestetik pädagogisch genutzt. Zusammen mit den Übungen der Montessoripädagogik können sie angewendet werden, um dem besorgniserregenden Anstieg von kindlichem Bewegungsmangel, Entwicklungsstörungen und Wahrnehmungsdefiziten in unserer Gesellschaft entgegenzuwirken.

Wichtig erscheint uns, für Kinder jeden Alters eine natürliche, abwechslungsreich geformte Umgebung mit Sand, Wasser, Wiese, mit Kletter-, Schaukel-, Rutsch-, Balancier- und Springmöglichkeiten anzubieten.

Für die verschiedenen Geräte und Spielgeräte, wie Pedalo, Rollbretter, Roller, Räder, Einräder, Stelzen, Bälle und Springseile, die alle besonders den kinestetischen Sinn schulen, werden glatte Flächen gebraucht. Im Raum sind Stühle, Hocker, Leitern, Turngeräte, aber auch übliche Haushaltsgegenstände geeignet, um damit verschiedene Übungen zu gestalten. Elfriede Hengstenberg hat zur Ergänzung einfache praktische Gerüste und Geräte für drinnen und draußen entworfen – bekannt unter dem Namen „Hengstenbergmaterial".

---

[4] Elfriede Hengstenberg: Entfaltungen, Arbor-Verlag, Freiamt 2005, S. 15

Das Gehen auf der Linie

Überall auf der Welt ist zu beobachten, dass kleine Kinder gerne auf Bordsteinen, auf Mauern oder auf vom Pflaster gebildeten Strichen balancieren. Dies scheint auf ein Grundbedürfnis des Kindes hinzuweisen, das unermüdlich versucht, das Gleichgewicht zu halten – offensichtlich bedingt durch die Tatsache, dass seine Muskeln noch nicht vollkommen koordiniert sind, und Kopf und Rumpf im Verhältnis noch schwerer wiegen als später beim Erwachsenen.

Auf einer von der Lehrkraft auf den Boden gezeichneten oder mit Kreppband aufgeklebten Ellipse setzen die Kinder Fuß vor Fuß und schreiten die Linie langsam ab.

Hierbei lieben es die Kinder, sich sehr schnell mit größeren Schwierigkeiten herauszufordern, z.B. einen Gegenstand auf der Hand tragen, eine mit Wasser gefüllte Schale oder eine brennende Kerze auf der Hand balancieren.

Gehen mit einem Gegenstand auf dem Kopf

Die schönste und edelste Haltung kann man bei vielen natürlich lebenden Völkern beobachten, besonders wenn sie etwas auf dem Kopf tragen.

Wenn wir einen Gegenstand auf dem Kopf tragen, bekommt der Körper einen Impuls, sich übereinander zu ordnen. Diese Übung weckt die Spannkraft vom Scheitel bis zu den Füßen.

Das Kind legt sich einen Gegenstand, z.B. ein Buch, auf den Kopf und schreitet durch den Raum. Wenn es dabei in der Ferne an einer gegenüberliegenden Wand einen Punkt fixiert, wird es erfahren, dass es immer mehr die Balance halten kann und die Schritte immer kleiner und bewusster werden. Als Höhepunkt trägt das Kind einen Korb auf dem Kopf und schreitet die aufgezeichnete Ellipse ab.

Sich blind führen lassen

Blind oder im Dunkeln zu gehen, ist für viele Kinder eine besondere Herausforderung. Wenn ein Kind dabei geführt wird, muss es dem anderen vertrauen und kann sich ganz auf das Gehen konzentrieren.

Die Kinder stellen sich paarweise zusammen. Eines lässt sich die Augen verbinden und das andere stellt sich links daneben. Es legt die rechte Hand auf die Schulter und nimmt mit seiner Linken die linke Hand und führt es nun vorsichtig und achtsam, damit es nirgends anstößt, im Raum herum. Wenn das Freigelände sicher ist, wird die Übung dort interessanter, weil die Füße gleichzeitig die verschiedenen Bodenarten erfühlen können.

Gehen mit Hindernissen

Wenn Kinder „latschen" oder mit den Füßen auf dem Boden „schlurfen", bildet diese Übung einen guten Kontrast und macht munter. Das Flaschengehen wird auch gern bei Kinderfesten gespielt.

Auf einer Linie werden der Kindergröße entsprechend hohe Gegenstände, z.B. 0,5 l Trinkflaschen so angeordnet, dass sie einen kleinen Schritt weit auseinander stehen. Vorsichtig schreitet das Kind so darüber, dass es nichts berührt bzw. keine Flaschen umwirft.

In einer beliebten Variante werden verschiedene Gegenstände – auch Hocker oder umgedrehte Bänke – mit dazugestellt, sodass ein Parcours für unterschiedliche Bewegungsformen und Anforderungen entsteht.

Gehen und Jonglieren mit Tellern auf Stöcken

Manche Kinder haben diese Übung schon im Zirkus gesehen und versuchen den Artisten nachzueifern. Die Stöckchen und die bunten Teller aus Kunststoff gibt es in Jonglage-Läden oder im Versandhandel.

Das Kind hält das Stöckchen an den unteren Rand des Tellers und versucht durch Bewegungen des Stöckchens, den Teller in eine kreisende Bewegung zu versetzen. Wenn dies gelingt, kann die Schwierigkeit durch Gehen auf der Linie und durch Hintereinandergehen in einer Gruppe gesteigert werden. Die Haltung wird immer aufrechter und beim späteren Gehen werden die Schritte klein und sehr behutsam.

Reiten

Das Reiten rittlings auf dem Stuhl ist eine gute Gelegenheit, die Sitzhaltung zu verbessern, die Füße richtig aufzustellen und dabei munterer zu werden. Diese Übung arbeitet der schlechten Angewohnheit entgegen, die Beine übereinander zu schlagen.

Mit lustiger Musik rittlings auf dem Stuhl oder breitbeinig auf einem Hocker sitzen und sich federnd auf und ab bewegen, als ob der Stuhl ein Pferd wäre. Den Unterschied spüren lassen, wenn die Füße unter den Stuhl geklemmt sind, bzw. wenn sie mit der ganzen Sohle Bodenkontakt haben. Sobald die Musik endet, nachspüren, wie sich das Sitzen anfühlt.

Fingerspiele

Fingerspiele, die von Reimen begleitet werden, machen Spaß, sie fördern die Entwicklung des Körper- und Sprachgefühls. Das Gleiche geschieht durch Lieder- und Tanzspiele. Sie haben eine ordnende und integrierende Wirkung.

Die Lehrkraft sagt den Reim vor und tippt dabei den jeweiligen Finger des Kindes an, bewegt ihn, und am Schluss wird die ganze Hand umfasst. Im größeren Kreis nimmt sie ihre eigenen Finger, und die Kinder machen die Bewegungen nach.

Das ist der Daumen,
der schüttelt die Pflaumen,
der hebt sie auf,
der trägt sie nach Haus,
und der Kleine, der isst sie alle auf.

Das folgende Zitat von Maria Montessori zeigt deutlich, dass ihr der kinestetische Sinn von größter Bedeutung war:

„Betrachtet man aufmerksam ein Kind, ergibt sich evident, dass sich sein Verstand mit Hilfe der Bewegung entwickelt ... Die Bewegung unterstützt die psychische Entwicklung, und diese Entwicklung findet ihrerseits Ausdruck in weiteren Bewegungen und Handlungen. Es handelt sich also um einen Zyklus, da Psyche und Bewegung der gleichen Einheit angehören. Es kommen auch die Sinne zur Hilfe, denn wenn das Kind keine Gelegenheit zu sensorischer Tätigkeit hat, findet eine geringere Entwicklung des Verstandes statt ... Das Kind, das sich der eigenen Hände bedient hat, hat einen stärkeren Charakter."[5]

---

[5] Maria Montessori: Das kreative Kind, Herder-Verlag, Freiburg 2005, S. 129, 137

Folgende themenbezogene Schwerpunkte aus dem BEP sind hier hervorzuheben:

- Bei all diesen Bewegungen muss das Kind immer wieder Entfernungen, Höhen, Längen und andere Größen abschätzen, was seine Kompetenz in Bezug auf Raum-Lage-Beziehungen erhöht und damit eine Grundvoraussetzung für die mathematische Bildung schafft.
- Diese Aktivitäten unterstützen in höchstem Maße die gesundheitliche Erziehung. Eine gute Körperhaltung im Sitzen, Stehen und Gehen beugt Haltungsschäden vor und dient der Entfaltung der Persönlichkeit.
- Das bewusste Erleben des Körpers in der freien Natur führt zu einer größeren Wertschätzung der natürlichen Umgebung, wie auch den unterschiedlichsten Gewohnheiten anderer Völker gegenüber. Mit dem Gefühl einer „nazione unica" – wie Montessori es nennt – können die ethischen Grundlagen für ein friedvolles Miteinander geschaffen werden.
- Da viele dieser Bewegungsaktivitäten häufig mit Musik und rhythmischem Gesang begleitet werden, kommt es zu einer automatischen Sensibilisierung für eine ganzheitliche musikalische Bildung.
- Diese besondere Art von Bewegungserfahrung unterstützt in jeder Beziehung die sprachliche Bildung: z.B. bewusstes rhythmisches Sprechen als wichtige Vorbereitung für die Arbeit mit Gedichten und Theater, Sprachgefühl entwickeln für rhythmische Zusammenhänge, eine wichtige Voraussetzung für die Gliederung eines Aufsatzes, Kennenlernen von Literatur und Sprachgewohnheiten verschiedener Zeitepochen, z.B. Wiederentdecken von Liedern, Versen und Reimen, die schon die Großeltern und Urgroßeltern begleiteten.

Ausblick

Zum Schluss möchten wir gerne Auszüge aus der Broschüre „Eine Chance für Neugier – Materialien zur frühkindlichen Bildung"[6] zitieren, weil hier die Grundvoraussetzungen genannt sind, die für die Umsetzung der in diesem Buch beschriebenen Aktivitäten notwendig sind.

„Die frühen Jahre sind geradezu das goldene Zeitalter des Lernens in der individuellen Bildungsbiografie. Kinder wollen lernen. Mit beneidenswerter Leichtigkeit und Geschwindigkeit bewältigen sie das große Projekt, sich in der Welt zurechtzufinden. Fragen sind ihre Lehrmeister … Kinder sind Forscher, Erfinder und Entdecker in einer Person. Anders als Erwachsene haben kleine Kinder ständig mit Situationen zu tun, die es erst zu erschließen gilt – mehr als das in ihrem späteren Leben der Fall ist. Das macht Lernen für sie so lustvoll. Aha-Erlebnisse, das wissen wir aus eigener Erfahrung, machen glücklich. Wenn sich einzelne Bausteine der Erkenntnis zu einem Ganzen fügen – dann produziert unser Körper Dopamin, es versetzt uns in einen Glücksrausch. Dies erklärt auch, warum unser Gehirn eigentlich nichts lieber tut als lernen.

Neue Ergebnisse der Hirnforschung zeigen: Bildung beginnt mit der Geburt. Das Gehirn des Babys ist eine Art Lernmaschine, die mit allen fünf Sinnen aufnimmt, was die Umgebung liefert – jede Berührung, jede Bewegung, jeden Laut. Bereits kleine Kinder nutzen eine anregende Umgebung, um Neues zu lernen. Auf einem Großteil des Gelernten können sie später aufbauen. Diese Chance dürfen wir keinem Kind vorenthalten.

Mit der Bildungsaufgabe sollten wir deshalb in den frühen Jahren beginnen – mit der Förderung jedes einzelnen Kindes und mit mehr Chancengerechtigkeit für jene, die sozial benachteiligt sind. Jede individuelle Begabung sollte sich entfalten können."

Interessanterweise hat Maria Montessori all dies bereits vor 100 Jahren, als sie ihre Arbeit im Kinderhaus in San Lorenzo mit sozial benachteiligten Kindern begann, erkannt und beschrieben. Im folgenden werden noch einmal die wichtigsten Phänomene, die im obigen Zitat erwähnt sind, in Maria Montessoris Terminologie zusammengefasst:

Absorbierender Geist

Sensible Perioden

Vorbereitete Umgebung

Polarisation der Aufmerksamkeit

Normalisation

Freiheit

Aus all diesen genannten Phänomenen resultiert eine besondere Aufgabe und Haltung der

Lehrkraft.

Jesper Juul nennt diese *„Die Fähigkeit der Erzieherin, das einzelne Kind zu seinen eigenen Prämissen zu „sehen" und ihr eigenes Verhalten darauf abzustimmen, ohne zugleich die Führung abzugeben, außerdem die Fähigkeit, authentisch im Kontakt zu sein … schließlich die Fähigkeit und der Wille, als Erzieherin die volle Verantwortung für die Qualität der Beziehung zu übernehmen,* **die pädagogische Ethik.**

Die Summe der Vermittlungskompetenz und der Beziehungskompetenz eines Lehrers oder einer Erzieherin bestimmt folglich über die berufliche Kompetenz."[7]

---

[6] McKinsey & Company 2005
[7] Jesper Juul: Vom Gehorsam zur Verantwortung, Beltz-Verlag, Weinheim, S. 160

Dem Motto der McKinsey & Company **"Wer an den Kindern spart, wird in Zukunft verarmen"** entsprach die Bundesministerin für Bildung und Forschung Frau Annette Schavan, als sie auf dem ersten Hamburger Bildungs-Diskurs in der Körber-Stiftung am 9. Februar 2006 folgenden Aufruf kundtat: „Jede Schule und jeder Kindergarten sollte schöner und besser ausgestattet sein als die beste Sparkasse der Stadt". Sie forderte Pädagogen dazu auf, anstatt lange zu fragen und zu zaudern, lieber „Banden zur Veränderung ihrer Einrichtungen zu bilden".[8]

---

[8] „Die Entdeckung der frühen Jahre", Archiv der Zukunft 2006, Beltz-Verlag

Literaturhinweise

Elfriede Hengstenberg: Entfaltungen, Arbor-Verlag, Freiamt, 2005
Jesper Juul: Vom Gehorsam zur Verantwortung, Beltz-Verlag, Weinheim, 2004
Reinhard Kahl: Die Entdeckung der frühen Jahre, Archiv der Zukunft, Beltz-Verlag, 2006
Claus-Dieter Kaul: Die zehn Wünsche der Kinder, Auer-Verlag, Donauwörth, 2005
Kindergarten heute, 1/2005
McKinsey & Company: Eine Chance für Neugier, McKinsey & Company, 2005
Maria Montessori: Das kreative Kind, Herder-Verlag, Freiburg, 2005
Maria Montessori: Die Entdeckung des Kindes, Herder-Verlag, Freiburg
Maria Montessori: Kosmische Erziehung, Herder-Verlag, Freiburg, 2005
Thich Nathan: Lächle deinem eigenen Herzen zu, Freiburg, 1995
E.M. Standing: Maria Montessori – Leben und Werk, Finkenverlag, Oberursel 1970